**우리 아이를 위한
수학 생각의 기술**

우리 아이를 위한 수학 생각의 기술

1판 1쇄 인쇄 2025. 8. 5
1판 1쇄 발행 2025. 8. 18

지은이 박종하, 송명진

발행인 박강휘
편집 봉정하 | 디자인 지은혜 | 마케팅 이서연 | 홍보 박은경, 이아연
발행처 김영사
등록 1979년 5월 17일 (제406-2003-036호)
주소 경기도 파주시 문발로 197(문발동) 우편번호 10881
전화 마케팅부 031)955-3100, 편집부 031)955-3200 | 팩스 031)955-3111

저작권자 ⓒ 박종하, 송명진, 2025
이 책은 저작권법에 의해 보호를 받는 저작물이므로
저자와 출판사의 허락 없이 내용의 일부를 인용하거나 발췌하는 것을 금합니다.

값은 뒤표지에 있습니다.
ISBN 979-11-7332-312-6 03370

홈페이지 www.gimmyoung.com 블로그 blog.naver.com/gybook
페이스북 facebook.com/gybooks 이메일 bestbook@gimmyoung.com

좋은 독자가 좋은 책을 만듭니다.
김영사는 독자 여러분의 의견에 항상 귀 기울이고 있습니다.

우리 아이를 위한

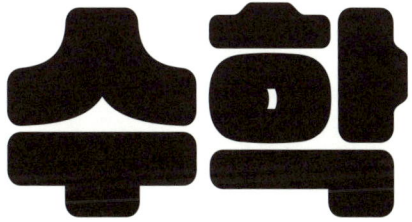

수학
생각의 기술

박종하 × 송명진

김영사

차례

에필로그 수학머리는 타고나는 걸까, 길러지는 걸까? · 6

1 수학은 "왜"라는 질문에서 시작한다 (논리력 키우기)

근거를 바탕으로 생각해요 · 16 | 천천히 생각해요 · 19 | 천천히 생각하며 판단하기 연습 ① 수수께끼 · 23 | 천천히 생각하며 판단하기 연습 ② 수 찾기 · 26 | 천천히 생각하며 판단하기 연습 ③ 강 건너기 · 30 | 논리와 수학 그리고 우리의 삶 · 33

2 문제를 잘 봐야 답이 보인다 (관찰력 키우기)

보는 것이 곧 아는 것이다 · 39 | 왜 관찰이 중요한가? · 43 | 관찰하기 연습 ① 규칙 찾기 · 45 | 관찰하기 연습 ② 달력 · 49 | 관찰하기 연습 ③ 색종이 접고 자르기 · 52 | 마음으로 바라보기 · 55

3 수학은 약속의 언어다 (약속 파악하기)

수학은 언어다 · 59 | 수학은 약속이다 · 61 | 약속 파악하기 연습 ① 빈칸 채우기 · 66 | 약속 파악하기 연습 ② 거꾸로 거슬러 올라가기 · 69 | 약속 파악하기 연습 ③ 미지수 찾기 · 71 | 약속 파악하기 연습 ④ 양팔 저울과 방정식 · 74 | 구체적인 것에서 추상적인 것으로 · 77 | 수학 언어의 활용 · 79

4 복잡한 문제도 나누면 쉬워진다 (분석하는 습관)

하나하나 나누어 생각하기 · 87 | 어려운 문제도 나누면 쉬워진다 · 89 | 나누어 묶기, 분류 · 95 | 분석하기 연습 ① 3의 배수 파악하기 · 99 | 분석하기 연습 ② 수학 마술 · 102 | 분석하기 연습 ③ 스도쿠 Sudoku · 105 | 핵심을 찾아라 · 111 | 수학은 분석이다 · 117

5 수의 개념을 익히는 방법 ─ 비교하기

비교가 수를 만든다 · 123 | 비교하려면 기준이 필요하다 · 124 | 학교와 일상에서 배우는 비교 · 125 | 비교로 수학을 재미있게! 일상 속 활동 · 126 | 수를 이용해 비교하는 연습 ① 번호 붙이기 · 127 | 수를 이용해 비교하는 연습 ② 분수 · 132 | 수를 이용해 비교하는 연습 ③ 비와 비율 · 135 | 나만의 기준 만들기 · 140

6 아이의 사고를 확장하는 힘 ─ 연결하기

공부 기술 · 145 | 연결하는 연습 ① 수와 그림의 연결 · 151 | 연결하는 연습 ② 개념의 연결 고리 · 155 | 수학에 대한 이해 · 159

7 수학에 자신감이 생기는 순간 ─ 도전하기

재능과 노력 그리고 성장 마인드셋 · 167 | 진짜 노력과 가짜 노력 · 170 | 도전적인 문제 즐기기 · 172 | 도전적인 대화와 토론 · 181 | 풀 수 있는 문제와 풀 수 없는 문제 · 186

에필로그 이렇게 바꾸라! 진짜 수학 잘하는 아이로 키우기 위해 필요한 것 · 188
부록 수학적 사고력 기르기 활동 · 199

프롤로그
수학머리는 타고나는 걸까, 길러지는 걸까?

수학머리를 키워볼까요

우리는 종종 "공부머리가 있다"는 말을 합니다. 조금만 공부해도 성적이 잘 나오는 아이를 보면 "공부머리가 있다"고 말하죠. 수학도 마찬가지예요. 어떤 아이는 수학을 어렵지 않게 잘해내는 반면, 어떤 아이는 열심히 하는 것 같은데도 점수가 잘 안 나오고 힘들어합니다. 같은 문제를 풀어도 독특한 방법으로 뚝딱 풀어내는 아이가 있는가 하면, 지난 시간에 배운 문제인데도 다시 보고 막막해하는 아이도 있죠. 그런 걸 보면 '수학머리'라는 게 정말 있는 것도 같습니다.

정말 수학머리는 타고나는 걸까요? 꼭 그렇지만은 않습니다. 우리 아이의 인생은 유전적인 영향도 있지만 살아온 환경, 평소 습관, 노력 등 여러 요소들이 함께 만들어가는 것이니까요. 그래서 "우리 아이는 수학머리가 있을까?"라는 질문보다는 "어떻게 하면 우리 아이의 수학머리를 키워 줄 수 있을까?"를 고민하는 게 훨씬 더 중요합니다.

많은 사람들이 "우리는 왜 수학을 배워야 할까?"라는 질문에 "수학은 생각하는 힘을 길러준다"라고 말합니다. 맞는 말이에요. 그럼 반대로 생각해 보면 어떨까요? 생각하는 힘이 커지면 수학도 잘하게 되지 않을까요? 바로 이 점이 중요합니다. 수학 성적을 올리는 것뿐만 아니라, 아이가 생각의 힘을 키워가도록 도와주는 게 먼저입니다. 마치 그릇을 키우듯, 아이의 수학머리와 생각하는 힘을 함께 키워야 해요. 이런 맥락에서 수학을 잘하기 위해서는 수학머리를 키워주는 것이 필요합니다. "그릇을 키우라"는 표현을 쓰죠. 어떤 일을 할 때 그 일과 직접적인 관련은 없어 보여도 기본적으로 갖추어야 할 능력과 자질을 키우라는 뜻입니다. 수학에도 마찬가지로 '그릇을 키우듯' 수학머리를 키우고, 생각의 힘을 키우는 것이 중요합니다.

생각하는 습관부터 시작해요

그렇다면 수학머리는 어떻게 키울 수 있을까요?

가장 중요한 건 생각하는 습관입니다. 어떤 아이는 이것저것 따져보며 생각하는 걸 좋아하고, 어떤 아이는 그냥 빨리 답만 찾으려고 해요. 이렇게 작은 습관이 쌓이면서 큰 차이를 만들어냅니다.

초등학교 시절 달리기를 정말 잘하는 친구가 있었어요. 키도 작고 특별히 운동을 배운 것도 아닌데 항상 반에서 달리기가 1등이었죠. 나중에 알고 보니 그 친구는 초등학교 1학년 때부터 집에서 학교까지 30분 넘게 걸어서 다녔대요. 자연스럽게 많이 걷고 뛰면서 몸이 단련된 거죠. 운동도, 수학도 마찬가지입니다. 잘하려면 그에 맞는 생활 습관이 필요해요.

　수학머리를 키우기 위해서는 평소에 생각하는 연습을 자연스럽게 할 수 있도록 도와주는 게 좋아요. 예를 들면 퍼즐 문제나 논리 게임 같은 걸 자주 접하게 합니다. 정답을 빨리 맞히는 게 목표가 아니라, "이건 왜 이럴까?" 하고 차근차근 따져보며 생각하는 재미를 느끼게 해주세요.

　이때 "아하!" 하고 깨달은 기쁨은 그냥 웃긴 이야기에서 느끼는 정서적인 재미와는 다른, 머릿속에서 번쩍하는 인지적인 재미예요. 이런 즐거움을 자주 느낄수록 생각하는 힘이 커지고, 그게 곧 수학머리로 이어집니다.

　이 책에서는 수학 잘하는 아이로 키워주는 사고 유형을 7가지로 나눠서 소개하며, 아이들의 수학적 사고를 키울 수 있는 퍼즐을 함께 소개하고 있어요. 아이가 부담 없이 즐기며 생각의 힘을 기를 수 있도록, 함께 재미있게 풀어보세요.

센스를 키워볼까요

　수학머리를 키우는 또 하나의 중요한 방법은 생각의 경험을 통하여 센스를 키우는 것입니다. 먼저 흥미로운 연구결과 하나를 소개할게요.

　자, 아래 문제를 한번 풀어볼까요?

$21-6=?$

　미국 스탠퍼드 대학교의 조 볼러 교수와 그 동료들은 학생들에게 이 문제를 풀게 한 뒤, 어떻게 푸는지를 관찰했습니다. 아주 흥미로운 결과가 나왔어요.

　수학을 좋아하고 잘하는 학생들은 '21-6=20-5=15'와 같이 간단하고 쉬운 형태로 바꿔서 문제를 풀었습니다.

　반면 수학을 어려워하는 학생들은 '21-6'을 하기 위해 '21, 20, 19, 18, 17, 16'과 같이 21부터 숫자 여섯 개를 하나씩 세며, 선생님이 가르쳐준 방법으로만 계산했다고 합니다.

　'20-6'과 '20-5'을 한번 비교해보세요. 어떤 계산이 더 쉬운가요? '20-5'가 훨씬 쉽고 간단하죠? 어려운 방식으로 계산하면 실수할 가능성도 높고 자칫 틀릴 수도 있어요.

　학생이 문제를 틀리면 선생님은 어떻게 할까요? 비슷한 문제를 10개 주면서 "확실하게 연습해둬야 다음에 안 틀려"라고 말하겠죠. 이 10문제를 풀며 학생은 어떤 생각을 할까요? '아 지겹다, 수학 정말 싫어.' '수학은 나랑 정말 안 맞아.' 이렇게 되는 거예요.

　반대로 '21-6=20-5=15'처럼 센스를 발휘해 문제를 쉽게 푼 아이는 "수학, 진짜 재미있어요. 또 풀고 싶어요" 하며 점점 수학을 좋아하게 되지요.

신기하죠? 선생님이 가르쳐준 방식대로만 문제를 푸는 아이는 수학을 싫어하게 되고, 자신만의 방법을 생각해내는 아이는 수학을 즐기게 되는 거예요.

여기서 '수학 센스'에 주목할 필요가 있습니다. 문제를 쉽게 바꾸어 생각하는 센스가 바로 수학머리를 키우는 핵심이지요. 센스가 있으면 문제해결도 쉬워지고, 자신감도 생기며, 수학에 대한 흥미도 더욱 커집니다.

우리는 종종 "일머리가 있다"는 표현을 쓰는데, 그 말을 듣는 사람들을 보면 대체로 센스를 발휘해서 일을 효율적으로 똑똑하게 처리합니다. 수학도 마찬가지예요.

센스는 남이 대신 가르쳐줄 수 있는 게 아니라 스스로 깨닫고, 경험을 통해 배우는 것입니다. 그럼 엄마 아빠는 아이를 위해 해줄 게 없을까요? 그렇지 않아요. 센스를 기르는 데 부모님의 역할이 아주 큽니다. 경험을 쌓을 수 있게 도와주는 것, 다양한 생각을 할 기회를 주는 것, 센스를 키울 수 있게 이끌어주셔야 합니다. 앞에서 수학을 좋아하고 잘하는 아이들이 21-6을 20-5로 바꾸어 쉽게 문제를 해결했던 걸 기억하며 다음 문제도 풀어보세요.

$$5000 - 3427 =$$

대부분 센스를 발휘해서 문제를 쉽게 풀었을 거예요.

이렇게 수학적 사고를 경험하며 센스를 키우는 것이 바로 이 책의 목적입니다.

수학적 사고의 7가지 키워드

수학을 통하여 키울 수 있는 생각의 힘, 즉 수학적 사고를 7가지 키워드로 나누어 소개합니다.

❶ **논리** 생각을 체계적으로 정리하고, 하나하나 이유를 따라 결론에 이르는 과정입니다. 수학의 논리는 과학 발전의 기초가 되었고, 사회에서는 문제 해결의 중요한 수단이 되었죠.

❷ **관찰** 수학은 단순히 보는 게 아니라, 주의 깊게 살펴 단서를 발견하는 활동이에요. 성냥개비 문제나 수수께끼처럼 문제의 실마리를 찾기 위해 꼼꼼히 살피는 게 중요합니다

❸ **약속** 수학에는 우리가 함께 지켜야 할 약속들이 많아요. 기호의 의미, 계산 순서, 개념의 정의 등 수학을 배우기 위해서는 이런 약속들을 잘 이해해야 해요. 그래서 수학은 일종의 '언어'라고도 해요.

❹ **분석** 문제를 잘게 나누면, 겉으로 보지 못한 정보도 보입니다. 표면적인 정보만으로는 풀이 과정이 보이지 않지만, 잘게 분해하면 쉽게 해결할 실마리가 보이는 거죠. 수학은 '복잡한 것을 단순하게 만드는 훈련'이기도 합니다.

❺ **비교** 수는 비교를 위해 만들어졌어요. 수를 기준 삼아 차이와 비율을 따져보고, 분수 등도 배우고, 방정식과 부등식도 이해합니다.

❻ **연결** 수학에서 등호(=)는 단순히 계산 결과만 나타내지 않습니다. 서로 다른 개념들이 실제로는 같은 의미일 수 있다는 걸 연결해주는 중요한 역할을 하죠. 수학은 연결을 통해 더 큰 그림을 그릴 수 있어요.

❼ **도전** "나도 해볼 거야"라는 태도는 생각의 기술을 움직이게 하는 원동력입니다. 수학은 도전 정신 없이는 제대로 배울 수 없습니다.

이 7가지 키워드는 이 책 전반에 걸쳐 아이가 수학적 사고력을 키울 수 있도록 도와줄 거예요. 아이들이 센스를 키우고, 자신감을 갖고, 수학을 즐길 수 있도록 함께 도전합시다.

성적은 어느 날 갑자기 오른다

우리가 어떤 노력을 할 때, 결과가 노력한 시간과 비례하여 바로 나타나면 참 좋겠죠. 하지만 현실은 그렇지 않아요. 결과는 보통 직선처럼 곧게 올라가는 것이 아니라, 지수함수 그래프 곡선처럼 천천히 올라가다가 어느 순간 확 늘어나는 모습을 보입니다.

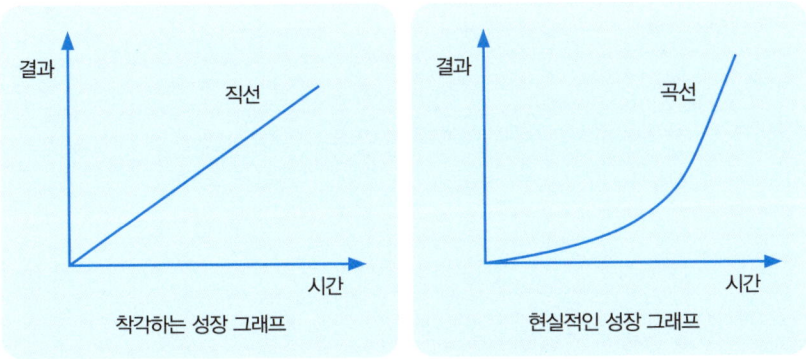

처음에는 열심히 노력해도 큰 변화가 없는 것처럼 느껴져요. 많은 시간을 들였는데도 별다른 성과가 없어 속상하죠. 그런데 이 시기만 지나면 점점 익숙해지고 지식이 쌓이면서 짧은 시간 투자로도 훨씬 큰 결과를 얻는 때가 옵니다.

우리는 아이에게 투자를 하면 기대를 하게 됩니다. '이만큼 공부했으니 성적이 잘 나오겠지.' '수학 학원도 다니는데 수학을 잘하게 되겠지' 하면서 말입니다. 하지만 아이의 성장은 직선이 아닌 곡선입니다. 어느 순간 쑥 크는 시기를 기다려주는 게 바로 부모의 역할입니다.

처음부터 결과가 빨리 보이지 않는다고 낙심하지 마세요. "나는 안 되는가 봐"라고 좌절하지 마세요. 오히려 이렇게 생각해보면 어떨까요? "나는 지금, 곧 폭발적으로 성장할 준비를 하는 중이야"라고요.

부모님도 우리 아이의 '폭발 성장'을 믿고 아이의 사고가 자라는 과정을 함께해주세요.

지금도, 우리 아이의 수학머리는 자라고 있습니다.

• 이 도서는 풀무원재단의 지원을 받았습니다.

1

수학은 "왜"라는 질문에서 시작한다

{ 논리력 키우기 }

논리력 키우기

수학적 사고, 어디서부터 시작될까요? 그 첫걸음은 바로 '논리'입니다. "수학이랑 논리가 무슨 관계가 있지?" 궁금하신가요? 논리는 이치에 맞게, 올바른 근거를 바탕으로 생각하는 힘이에요. 좀 더 쉽게 말하면, 사람들이 공통적으로 납득할 수 있는 방식으로 생각하는 것이라고 할 수 있어요. 수학은 이 '논리'를 바탕으로 문제를 풀어가는 학문이에요. 그래서 논리적으로 생각하는 힘이 클수록 수학을 잘한답니다. 논리의 힘을 키우는 방법을 함께 알아볼까요?

근거를 바탕으로 생각해요

논리적인 생각은 '왜?'라는 물음에서 시작됩니다. "왜 그렇지?", "왜 이게 답이지?" 이렇게 하나하나 '왜'에 대한 답을 찾아가는 과정이 바로 논리적인 사고입니다. 무작정 답을 맞히는 게 아니라 분명한 이유와 근거를 가지고 생각하는 거죠.

재미있는 퀴즈 하나를 풀며 시작해볼까요?

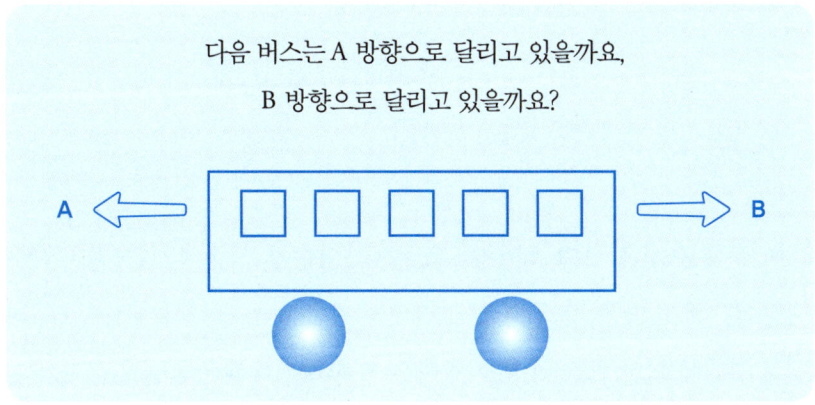

바로 답을 찾으셨나요? 정답은 'A 방향'입니다. 왜죠? 버스의 문은 한쪽 면에만 있는데 그림을 보면 버스에 출입문은 없고 창문만 보이죠. 그렇다면 버스 출입문은 반대편에 있다는 뜻입니다. 우리나라처럼 우측 통행을 하는 나라에서는, 버스의 문이 인도 쪽에 있어야 하니까 A 방향으로 달리는 것이 맞아요. 이렇게 "왜?"라고 묻고, 그에 대한 이유를 찾아서 답을 내는 것이 논리적인 사고입니다. 아이들이 논리적인 사고에 익숙해지면, 수학 문제도 훨씬 더 쉽게 접근할 수 있어요.

아이들이 좋아하는 수수께끼, 그냥 재미로만 풀어보시나요? 사실은 수수께끼를 함께 풀어보는 것도 아이의 생각하는 힘, 특히 '논리석 사고력'

을 키우는 아주 좋은 방법이에요. 수수께끼 중에는 판단의 근거를 바탕으로 논리적으로 생각해야만 풀리는 문제들이 많아요. 이런 문제를 함께 풀다 보면, 아이가 스스로 '왜 그렇지?' 따져보게 되고, 그 과정에서 논리적인 사고력이 쑥쑥 자라납니다.

예를 들어, 이런 수수께끼를 한번 볼까요?

> 미숙이 엄마에겐 딸이 넷 있어요. 첫째는 순이, 둘째는 차순이, 셋째는 삼순이에요. 그럼 넷째 딸의 이름은 뭘까요?

이 문제를 처음 보면, 대부분 '음, 순이, 차순이, 삼순이, 그러면 넷째는 사순이?' 하고 답을 찾게 돼요. 그런데 이건 그냥 느낌이나 예상일 뿐, 확실한 근거에 의한 답은 아니죠. 수학은 정확하고 확실한 판단의 근거가 있어야 합니다. 문제 속에 확실한 답이 있습니다. 처음에 '미숙이 엄마'라고 했죠. 그렇다면 딸 중에 '미숙이'가 있어야 하니 정답은 '미숙이'입니다. 이처럼 수수께끼를 풀 때에도 문제 속에 들어 있는 근거를 바탕으로 생각하고, 그걸 바르게 이어가는 논리적인 훈련이 필요합니다.

논리적인 사고를 훈련할 수 있는 재미있는 문제 하나를 같이 풀어볼까요?

> A, B, C 세 사람이 있어요. 이중에서 딱 1명만 정직한 사람이고, 나머지 2명은 거짓말쟁이예요. 3명에게 똑같이 "누가 거짓말쟁이인가?"라고 물었더니 다음과 같이 대답했어요.

> A: B는 거짓말쟁이야.
>
> B: A야말로 거짓말쟁이야.
>
> C: B는 거짓말을 하지 않아.
>
> 그렇다면 누가 정직한 사람일까요?

이 문제의 핵심은 누가 진실을 말하고 있는지 판단하는 것이에요. 조건은 아주 간단해요. "딱 한 명만 정직하고, 두 명은 거짓말을 한다." 하나씩 논리적으로 풀어볼까요. A와 C는 B에 대해 서로 다르게 말하고 있어요. A는 'B가 거짓말쟁이'라고 하고, C는 'B는 거짓말하지 않아'라고 하죠. 이 둘 중 한 명은 거짓말쟁이이고, 나머지 한 명의 거짓말쟁이는 B가 되겠죠. 그러면 B는 A가 거짓말쟁이라고 거짓말을 하는 것이니, 정직한 사람은 A입니다. 아이와 함께 이런 문제를 풀며 "왜 그렇게 생각했는지" 대화를 나누다 보면, 논리적인 사고력이 차근차근 자라납니다.

천천히 생각해요

논리적으로 생각한다는 건 한 걸음씩 천천히, 꼼꼼히, 차근차근 따져보는 힘이에요. 우리가 무언가를 생각할 때는 두 가지 방식이 있어요. 하나는 빠르게 생각하기, 또 하나는 천천히 생각하기예요. 빠르게 생각하기는 직관적으로 바로 떠오르는 생각이에요. 예를 들어, '이거 어디서 많이 본

건데?' 하면서 금방 느낌이 오는 게 바로 직관이죠. 반면 천천히 생각하기는 '왜 그렇지?' 하면서 하나하나 이유를 따져가며 생각하는 방식이에요. 이게 바로 논리예요.

논리와 직관은 모두 필요하지만 어린아이들에게는 논리, 즉 천천히 생각하기를 익히게 하는 것이 중요해요. 의미 있는 통찰을 하기 위해서는 경험도 쌓여 있어야 하고, 어느 정도의 지식도 필요하기 때문에 어린 학생들에게는 직관을 발휘하는 훈련보다는 논리 연습이 중요합니다.

우리의 뇌가 천천히 생각하기보다 빠르게 생각하기에 익숙하다는 사실을 잘 보여주는 문제 몇 개를 풀어봅시다.

다음 숫자의 합을 10초 이내에 암산하세요.

1000
40
1000
30
1000
20
1000
10
_____
합

이 문제를 본 90%의 사람들이 자신 있게 "정답은 5000" 하고 외칩니다. 숫자에 자신이 있는 사람들일수록 더욱 확신에 차서 외치겠지만, 이 문제의 답은 5000이 아니고 4100입니다.

그럼 왜 많은 사람들이 답을 틀리는 걸까요? 이 문제의 답을 5000이라고 한 이유는 멍청해서가 아닙니다. 사실 우리의 두뇌는 천천히 생각하기보다 빠르게 직관적으로 생각하는 것에 익숙해요. 숲 속에서 움직이는 물체가 내가 사냥할 수 있는 토끼인지, 아니면 나를 잡아먹으려는 호랑이인지 빠르게 판단해야 살아남을 수 있던 원시 시대 사냥꾼의 뇌와 그다지 다르지 않기 때문이죠. 생존에 유리한, 본능적인 사고인 빠르게 생각하기가 우리에게 더 익숙하답니다.

다시 말해 우리의 뇌는 일을 더 빠르고 쉽게 처리하려고 늘 패턴을 만들고 그에 따라 빠르게 생각합니다. 문제는 이렇게 빨리빨리 생각하기만 하면 실수할 가능성이 커집니다. 그래서 '천천히, 꼼꼼히, 따져보는 연습', 즉 논리적인 사고 훈련이 꼭 필요해요.

> 테니스 라켓과 공을 11000원에 샀습니다. 라켓은 공보다 10000원 더 비쌌습니다. 그렇다면 공은 얼마일까요?

이 문제에도 대다수의 사람들이 "공은 1000원"이라고 외칠 겁니다. 11000원과 10000원이 눈에 들어오기 때문에 자연스럽게 둘을 뺀 숫자를 떠올리는 겁니다. 하지만 좀 더 따져보죠. 라켓이 10000원이고 공이 1000원이면 라켓이 공보다 10000원 비싼 것이 아니라 9000원 비싼 겁니다. 정답은 공이 500원, 라켓이 10500원입니다. 그래야 둘의 차이가 10000원이 되지요.

$$11000 = 10000 + 1000 \quad (9000원\ 차이)$$
$$11000 = 10500 + 500 \quad (10000원\ 차이)$$

아이들과 함께 수수께끼나 퀴즈를 함께 풀어보는 것만으로도 '천천히 생각하기'의 중요성을 자연스럽게 느낄 수 있어요. 재미있는 퀴즈 2개를 소개하니 아이들과 함께 이야기 나눠보세요.

❶ 달리기를 하고 있어요. 내가 앞에 가던 2등을 지금 막 앞질렀어요. 그럼 나는 지금 몇 등일까요?

❷ 달리기를 하고 있어요. 내가 앞에 가던 꼴등을 지금 막 앞질렀습니다. 그럼 나는 지금 몇 등일까요?

1번 질문의 답은 2등입니다. 얼떨결에 1등이라고 말하는 경우가 많지만 정답은 2등이에요. 2등을 앞지르면 내가 그 자리를 차지하는 것이기 때문이죠. 1등이 되려면 제일 앞에 가는 1등을 앞질러야 합니다.

2번 질문은 조금 헷갈릴 수 있어요. "꼴등에서 두 번째"라고 말하지만, 사실 꼴등의 뒤에는 아무도 없기 때문에 꼴등을 앞지르는 건 말이 안 돼요. 하지만 운동장을 여러 바퀴 도는 경우라면 1등이 꼴등을 한 바퀴 앞지르는 상황도 생길 수 있지요. 그럴 때는 이 문제의 답이 1등이라고 할 수 있겠네요.

천천히 생각하며 판단하기 연습 ① 수수께끼

요즘 아이들은 빠르게 정답을 말하려는 훈련은 많이 받지만, 차분히 생각하고 판단하는 연습은 상대적으로 부족할 때가 많습니다. 하지만 진짜 중요한 건 빠른 정답 찾기가 아니라 생각하는 과정이에요.

공부 습관에서 제일 중요한 것 중 하나가 엉덩이 붙이고 천천히 생각해보기입니다. 논리적으로 하나하나 따져보는 경험을 많이 하다 보면, 자연스럽게 생각의 체력도 키워지고, 전반적인 공부 태도도 달라집니다.

그렇다고 처음부터 어렵고 지루한 문제나 교과서 내용을 던져주면 아이들이 흥미를 잃기 쉬워요. 그러니 간단하지만 머리를 써야 하는 수수께끼나 퍼즐 같은 문제를 함께 풀어보세요. 아이들이 재미있어야 계속 생각하게 되고, 그러면서 자연스럽게 사고력도 자라나지요. 아이와 함께 아래 문제를 천천히 생각하며 풀어보세요. 어른인 우리도 천천히 생각해야 답이 보일지 몰라요.

❶ 자기 것이지만 자기가 직접 볼 수 없는 것은?
❷ 똑같은 길을 늘 왔다 갔다 하는 것은?
❸ 깨뜨리고도 칭찬받는 사람은?

❹ 달리면 서고, 서면 쓰러지는 것은?

❺ 사람과 항상 함께 자는 개는?

❻ 남의 이름을 거꾸로만 쓰는 사람은?

❼ 첫 글자와 마지막 글자 사이에 998개의 글자가 있는 책은?

❽ 먹기 전에는 1개인데, 먹고 나면 2개가 되는 것은?

❾ 세상에서 가장 빨리 만들어지는 떡은?

❿ 검어도 검고, 희어도 검고, 붉어도 검은 것은?

아이들과 함께 답을 찾아보셨나요? 정답을 한번 맞혀볼까요.

❶ 얼굴 ❷ 기차 ❸ 신기록 세운 사람 ❹ 자전거 ❺ 베개
❻ 도장 새기는 사람 ❼ 천자문 ❽ 나무 젓가락 ❾ 헐레벌떡 ❿ 그림자

    수수께끼를 통해서 생각하는 재미를 경험한다는 것은 정말 큰 의미가 있습니다. 하지만 수수께끼는 확실한 정답이 있는 문제는 아니죠. 정답이 다양하거나, 정답이 있어도 왜 그런지 설명하기 어려운 경우도 많지요. 논리 연습을 할 때에는 확실하고 정확한 정답이 있는 문제를 푸는 것이 필요합니다. 수수께끼로 아이들의 생각이 열리고, 스스로 생각해보는 습관이 생겼다면, 그다음 단계는 논리적으로 따져가며 정답을 찾는 연습입니다. 이런 방식으로 단계적으로 넘어가면 아이들도 거부감 없이, 자연스럽게 논리적으로 사고 훈련을 이어갈 수 있습니다. 다음 문제는 수수께끼에

서 논리 문제로 넘어가는 예시로 활용하기 좋습니다.

논리 문제 호랑이, 늑대, 곰, 사자가 달리기 시합을 하고 있어요. 이 중에서 2등으로 도착한 동물은?

- 호랑이가 가장 먼저 도착했어요.
- 곰은 늑대 다음으로 도착했고요.
- 사자가 꼴등은 아니랍니다.

이 문제의 정답은 바로 사자예요. 동물을 달리기 순서대로 나열해보면, '호랑이 ⇨ 사자 ⇨ 늑대 ⇨ 곰'의 순서가 됩니다. 이번에는 '수' 관련 문제로 넘어가 볼까요? 조금 쉬운 문제로 시작해볼게요.

문제 1 다음 주어진 조건에 맞는 두 자릿수를 구하세요.

- 일의 자리 숫자와 십의 자리 숫자를 더하면 10이에요.
- 십의 자리 숫자가 일의 자리 숫자보다 4만큼 커요.

문제 2 다음 주어진 조건에 맞는 세 자릿수를 구하세요.

- 각 자리 숫자의 합은 16입니다.
- 세 숫자 모두 짝수예요.

- 백의 자리 숫자가 가장 작고 일의 자리 숫자가 가장 큽니다.

풀어보셨나요? [문제 1]의 답은 73이고, [문제 2]의 답은 268이에요. 제시된 조건을 하나하나 천천히 따져보면 답을 파악할 수 있어요. 이렇게 자연스럽게 수와도 친숙해지고, 논리적으로 따져보는 연습도 되는 문제들을 더 많이 풀어보면서 아이들이 자신감을 갖게 해주세요. 이 형태로 문제를 더 만들어서 풀어보시면 좋습니다.

천천히 생각하며 판단하기 연습 ② 수 찾기

아이들이 어느 정도 자신감을 갖고 생각하는 재미를 느끼기 시작했다면, 살짝 더 어려운 문제에 도전해보는 것도 좋습니다. 조금 어렵지만 내가 최선을 다해서 끝까지 생각하면 풀 수 있는 문제를 경험하면 아이가 한 단계 성장하는 데 큰 도움이 됩니다. 이런 문제를 풀 때에는 처음부터 정답을 알려주기보다는 아이가 스스로 생각할 시간을 주고 너무 막히는 부분이 있다면 살짝 힌트를 주는 식으로 도와주세요. 그럼 아이가 도전해볼 만한 문제를 하나 소개할게요.

문제 3 다음 주어진 조건에 맞게 1에서 9까지의 숫자를 빈칸에 하나씩 넣으세요.

- 8은 5 아래에 있습니다
- 4는 5 위에 있습니다
- 7은 맨 아랫줄 오른쪽에 있습니다
- 2는 5의 오른쪽에 있습니다
- 1은 4의 오른쪽에 있습니다
- 9는 8의 옆에 있지 않습니다
- 6은 5의 왼쪽에 있습니다

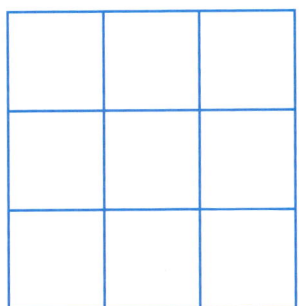

꽤 어려운 문제입니다. 성인들에게도 쉽지 않을 수 있는데요, 논리 연습이 어느 정도 된 학생이면 이 정도 문제에 도전해보는 것도 좋겠죠. 어려운 것에 도전하는 것이 흥미를 자극하고 학생을 한 단계 성장시킵니다. 단, 이렇게 어려운 문제에 도전할 때에는 문제풀이를 돕는 어른의 리더십이 중요합니다. 어렵게 느껴지면서도 포기하고 싶지는 않을 만큼 힌트를 주고 가이드를 해주세요. 엄마 아빠도, 선생님도 함께 도전해봅시다.

이 문제의 힌트는 가장 많이 언급되는 5를 중심으로 생각하며 숫자를 빈칸에 하나하나 넣는 것입니다. 정답은 다음과 같습니다.

9	4	1
6	5	2
3	8	7

💡 **문제 4** 다음과 같이 동그라미 안에는 2에서 9 사이의 자연수가 들어가고, 동그라미를 연결하는 네모는 두 자연수의 곱입니다. 보기에 주어진 것과 같은 방법으로 동그라미에 적당한 수를 한 번씩만 넣어 전체 식을 완성하세요.

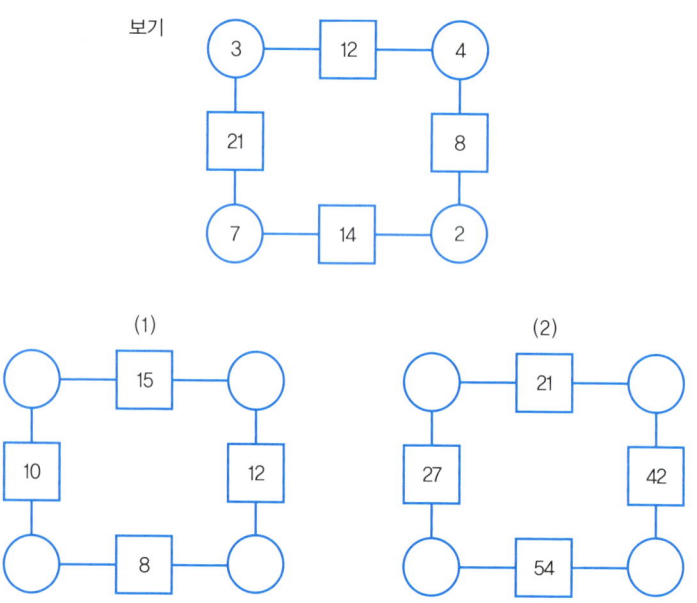

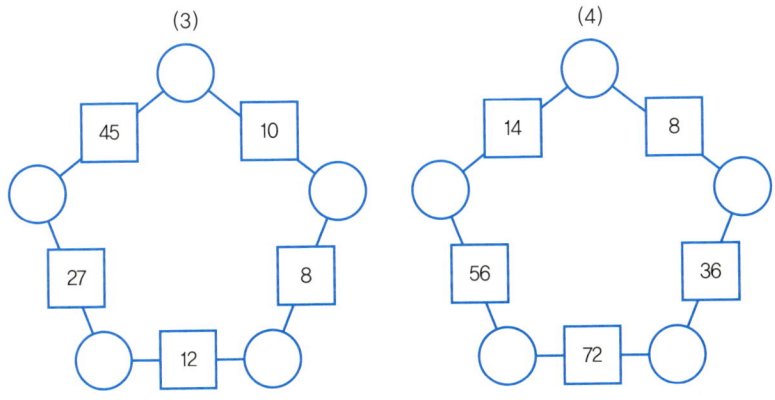

    2에서 9까지의 숫자를 무턱대고 넣어봐도 답을 찾을 수는 있겠지만, 올바른 접근 방법은 아닙니다. 이런 문제에도 논리적인 접근이 필요합니다. 가령, 5의 배수에 주목해보는 것입니다. 5의 배수가 있는 네모 칸의 사이에 있는 동그라미에는 5가 들어갈 것입니다. 또는 7의 배수가 있는 네모 칸 사이에 있는 동그라미에는 7이 들어갈 것입니다. 이렇게 천천히 따져보면 곱셈에 대한 연습도 되고, 소수의 개념, 소인수분해에 대한 개념도 자연스럽게 익힐 수 있습니다.

    여기에 제시된 4개의 문제 외에 비슷한 문제를 만들어서 아이들과 같이 해보셔도 좋습니다. 문제를 만들 때에는 동그라미에 2에서 9 사이의 숫자를 먼저 넣어 네모 칸을 만드세요. 그리고 동그라미에 있는 수를 지우고 그것을 찾는 게임을 합니다. 지금 제시한 문제들의 답은 다음과 같습니다.

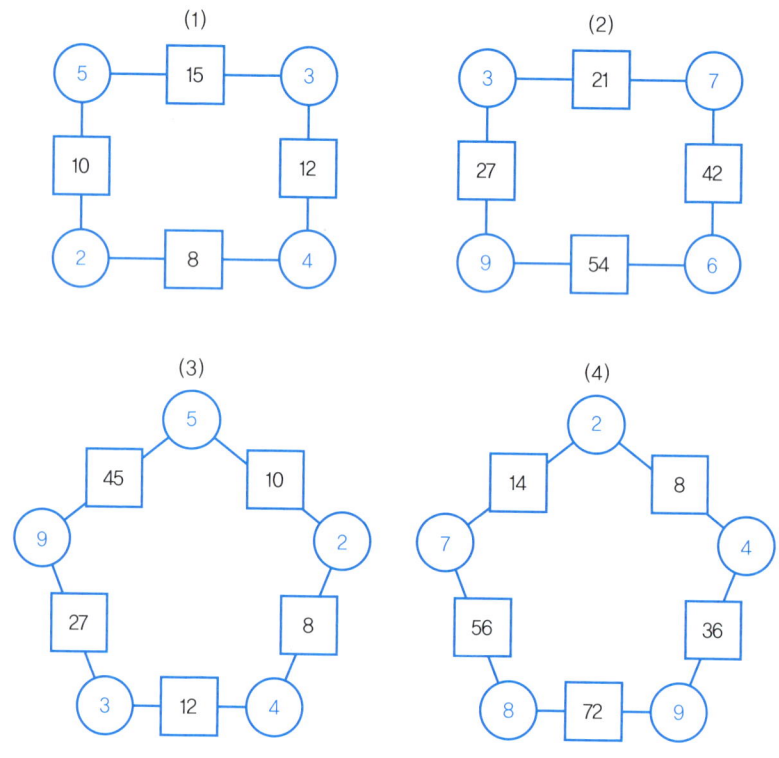

천천히 생각하며 판단하기 연습 ③ 강 건너기

 논리 퍼즐을 아이들과 함께 대화 형식으로 풀어보면서 생각의 힘을 키워주세요. 논리는 언어와 매우 밀접한 연관이 있습니다. 그래서 생각의 힘을 키우는 좋은 방법은 아이와 대화하는 것입니다. 좋은 이야기를 일방적으로 전달하는 것은 대화가 아니죠. 강의보다는 코칭을 떠올리시면 좋습니다. 천천히 아이의 수준에 맞게 논리적인 대화를 이끌어주세요. 9세기

중세의 책에 등장한 논리퍼즐 2가지를 소개합니다.

문제 5 강 건너기 1

 어느 날, 한 사람이 늑대, 염소, 양배추를 가지고 강을 건너야 해요. 그런데 다음 조건을 지켜야만 해요. 배에는 한 번에 사람과 물건 한 개만 실을 수 있어요. 사람이 옆에 없으면, 늑대가 염소를 잡아먹어요. 사람이 옆에 없으면, 염소가 양배추를 먹어버려요. 이 사람은 늑대, 염소, 양배추를 모두 안전하게 강 건너편으로 옮겨야 해요. 어떻게 해야 할까요?
 해답은 다음과 같습니다.

- 먼저 염소를 데리고 강을 건넙니다.
- 염소를 놓고 혼자 돌아옵니다.
- 이제 늑대를 배에 싣고 강을 건넙니다.
- 늑대는 두고 염소는 다시 데리고 돌아옵니다.
- 이번엔 양배추를 배에 싣고 건넙니다.
- 마지막으로 혼자 돌아와서, 다시 염소를 데리고 강을 건넙니다.

 이런 문제는 답을 찾는 것도 중요하지만 중간중간 아이가 스스로 생각할 수 있도록 부모님이나 선생님이 조금 이끌어주면 좋습니다. 절대 중간 과정의 답을 말해주지 마시고, 아이가 재미를 느끼고 스스로 해결해 나가도록 도와주세요. 이제 조금 더 어려운 강 건너기 문제를 소개할게요.

문제 6 강 건너기 2

어떤 사람이 양 3마리와 늑대 3마리를 데리고 강을 건너야 해요. 배에는 사람과 함께 동물 2마리까지만 탈 수 있어요. 중요한 조건이 있어요. 강의 어느 쪽에서든, 늑대 수가 양보다 많아지면 늑대가 양을 잡아먹어요. 그러니까 항상 늑대 수가 양보다 많아지지 않도록 주의해야 해요. 어떻게 강을 건너야 모든 동물이 무사할까요?

이 문제의 해결 방법은 다음과 같습니다.
양을 O, 늑대를 X로 표시해서 강의 양쪽에 있는 동물을 나타냅니다.

- 양 1마리와 늑대 1마리를 태우고 강을 건넙니다.

  (O, O, X, X) ⇨ (O, X)

- 양 1마리만 배에 태우고 돌아옵니다.   (O, O, O, X, X) ⇦ (X)
- 늑대 2마리를 배에 태우고 다시 강을 건넙니다.

  (O, O, O) ⇨ (X, X, X)

- 늑대 1마리를 다시 태우고 돌아옵니다.   (O, O, O, X) ⇦ (X, X)
- 양 2마리를 태우고 배를 건넙니다.   (O, X) ⇨ (O, O, X)
- 사람 혼자 돌아옵니다.   (O, X) ⇦ (O, O, X)
- 마지막으로 양 1마리와 늑대 1마리를 태우고 강을 건넙니다.

  ⇨ (O, O, O, X, X, X)

이 문제의 주의사항은 강의 어느 쪽에서도 늑대의 수가 양의 수보다 많아지면 안 돼요. 늑대 수가 같거나 적어야 안전하죠. 이 퍼즐은 논리적으로 하나하나 천천히 따져보게 하는 문제로 다양한 변형이 존재합니다.

논리와 수학 그리고 우리의 삶

흔히 수학은 고대 그리스에서 탄생했다고 말합니다. 그렇다면 그리스 외의 다른 문화권에서는 수학을 전혀 몰랐을까요? 그렇지 않습니다. 고대 이집트, 바빌론, 고대 인도, 고대 중국 등에도 수학이 있었죠. 그런데 고대 그리스 수학에서만 증명이 있었습니다. 증명이란 이미 옳다고 확인된 것을 바탕으로 새로운 내용이 옳은 것인지, 틀린 것인지 판단하는 것입니다. 증명에 관해 구체적으로 살펴볼까요? 예를 들어, "모든 사각형의 내각의 합은 $360°$입니다." 이것은 맞는 말이에요. 그런데, 왜 그렇죠? 이것을 어떻게 증명하면 좋을까요? 함께 한번 알아볼까요?

"모든 사각형은 삼각형 2개로 나뉘는데, 삼각형 내각의 합이 $180°$입니다. 따라서 모든 사각형의 내각의 합은 $180° \times 2 = 360°$입니다.

이 증명의 과정은 다음과 같이 정리할 수 있습니다. 이미 "옳다"고 인정받은 "모든 삼각형의 내각의 합은 180°이다"를 근거로 해서 새로운 결론, "모든 사각형의 내각의 합은 360°이다"가 "옳다"는 것을 확인합니다.

이렇게 이미 옳다고 인정받는 판단의 근거를 바탕으로 새로운 어떤 내용이 "맞다" 또는 "틀리다"라고 결론을 내리거나 주장할 때 '증명'을 사용합니다. 이런 수학의 증명은 논리적 사고가 핵심입니다. 그럼 수학에서는 왜 그렇게 증명을 중요하게 생각할까요? 가장 큰 이유는 틀리지 않는 생각, 올바른 결론에 이르고 싶기 때문이지요.

또 다른 이유로 증명은 상대방을 설득하는 효과적인 도구이기 때문입니다. 자신의 의견을 주장할 때에는 항상 근거를 제시해야 해요. 그래야 상대방을 설득할 수 있습니다. 고대 그리스 수학에서만 증명이 있었던 것은 민주주의와 밀접한 연관이 있었던 것으로 보입니다. 민주주의에서는 선거나 투표를 통해 국민의 의사를 반영하기 때문에 정치인들은 다수의 지지를 얻기 위해 자신의 주장을 펼치며 국민들을 설득해야 합니다. 이때 필요한 것이 근거입니다. 다음 두 가지를 비교해볼까요?

"우산 가져 가."   **VS**   "우산 가져 가."
"뉴스에서 비 온대."

"우산 가져 가"라는 말보다는 근거를 제시한 "우산 가져 가, 뉴스에서 비 온대"라는 말이 더 설득력 있죠. 이렇게 "A이다"라고 주장하는 것보다는 "B라는 근거로 판단하면 A이다"와 같이 믿을 수 있는 판단의 근거를 제시하고 논리적인 오류 없이 결론을 내리는 것이 설득의 기술입니다. 논리가 바로 설득인 것입니다.

논리에 대해 살펴봤습니다. 논리적으로 생각한다는 것은 단순히 수학 문제를 푸는 데만 필요한 게 아닙니다. 논리는 판단의 근거를 바탕으로 생각하는 힘이며, 다른 사람과 함께 살아가는 우리의 일상생활에서도 매우 중요한 요소이지요. 부모님과 선생님은 이런 논리를 아이들에게 말로만 설명하는 데 그치지 말고, 생활 속에서 직접 보여주세요. 지식으로만 이해하는 것이 아니라, 몸으로 익히고 자연스럽게 행동할 수 있도록 도와주세요.

예를 들어, "공부를 왜 열심히 해야 할까? 왜냐하면 ~"와 같이 아이의 눈높이에 맞는 상황과 이유를 들며 설명하는 대화와, "공부 열심히 해!! 하라고 했다!!!"처럼 일방적으로 강요만 하는 것은 결과적으로 아이의 논리적 사고에 큰 차이를 만들어냅니다. 이 책에서 제시하는 수학적 사고의 기술을 부모님과 선생님이 먼저 실천하면 좋겠습니다.

② 문제를 잘 봐야 답이 보인다

{ 관찰력 키우기 }

관찰력 키우기

'수학'이라고 하면 보통 머릿속에 복잡한 계산이나 어려운 문제풀이가 먼저 떠오릅니다. 하지만 사실 수학 문제는 계산보다 먼저, 어떻게 풀어야 할지를 생각하는 과정이 더 중요합니다. 바로 그 시작이 '관찰'입니다.

문제를 잘 풀기 위해서는 먼저 문제를 잘 살펴보고, 어떤 식으로 접근하면 좋을지 방향을 잡아야 합니다. 이렇게 문제를 살펴보는 것이 바로 관찰이에요.

그래서 수학 문제 해결은 관찰에서 시작한다고 할 수 있습니다. 이번 장에서는 논리와 계산, 공식보다는 '잘 관찰하는 힘'이 얼마나 중요한지 함께 살펴보며 수학에 성큼 다가서 보겠습니다.

보는 것이 곧 아는 것이다

영어로 'see'는 '보다'라는 뜻이지만, "I see"라고 하면 "아, 알겠다"는 의미가 되죠. '잘 보는 것이 곧 잘 아는 것'이라는 뜻입니다. 그래서 관찰력이 중요합니다.

아래의 그림 문제를 보세요. 아무 설명도 없고, 오직 그림만 있습니다. 물음표에 들어갈 모양을 1번부터 8번 중에서 고르는 문제예요. 언어 없이도 풀 수 있는 이런 문제는 I.Q 테스트나 적성 검사에서도 자주 사용됩니다. 그만큼 '잘 보는 힘'이 지적인 능력과 연결되어 있기 때문입니다.

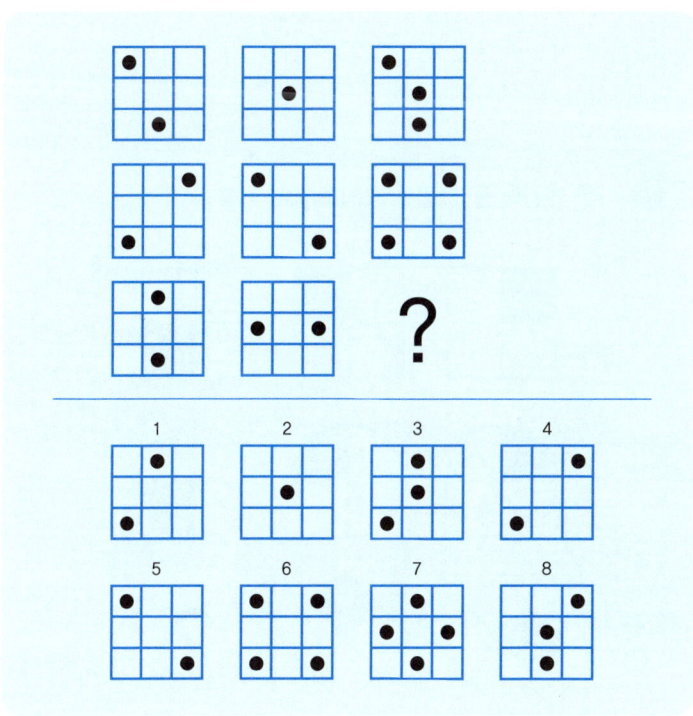

이 문제의 답은 7번입니다. 왜일까요? 바로 앞의 두 칸에 있는 모양을 더하면 세 번째 칸의 모양이 나오기 때문이에요. 이렇게 그림의 흐름과 규칙을 관찰하면서 논리적으로 답을 찾는 활동이죠.

이런 활동은 아이들에게 재미있을 뿐 아니라, 스스로 생각하는 힘을 기르는 좋은 연습이 됩니다. 정답을 빨리 찾지 않아도 괜찮아요. 문제를 관찰하고 고민해보는 그 과정 자체가 공부가 되니까요. 부모님도 아이와 함께 관찰력을 키우는 문제를 풀어보세요. 필요할 때는 살짝 힌트를 주면서, "무엇이 다르고 무엇이 같을까?", "앞의 그림과 어떤 관계가 있을까?"라고 질문을 던져주세요. 자연스럽게 수학적 사고가 자라납니다.

이제 몇 가지 재미있는 문제를 소개할게요. 아이와 함께 즐겁게 풀어보시기 바랍니다.

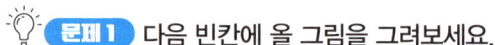 **문제 1** 다음 빈칸에 올 그림을 그려보세요.

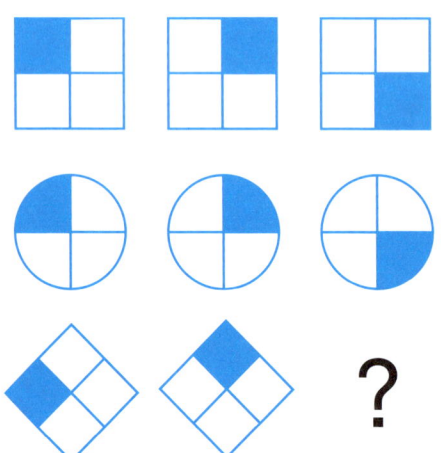

문제 2 다음 빈칸에 올 그림을 그려보세요.

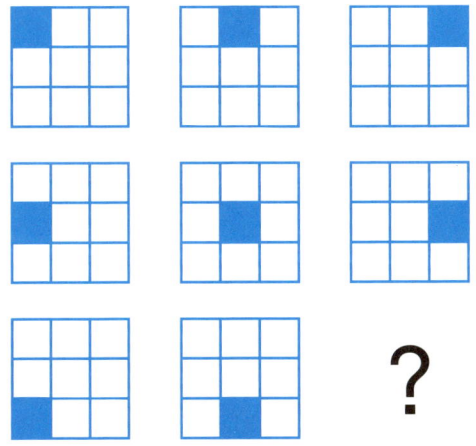

문제 3 다음 빈칸에 올 그림은 무엇일까요?

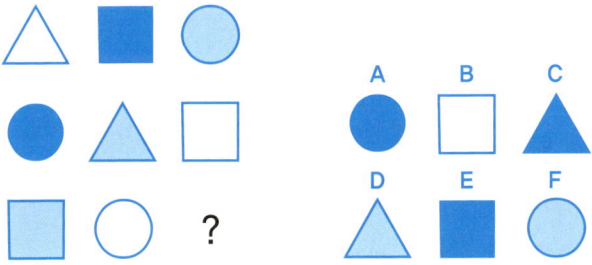

제시된 문제의 답은 다음과 같습니다. [문제 1]은 왼쪽의 도형을 90°씩 시계 방향으로 회전하여 오른쪽의 그림을 만드는 것입니다. 따라서 빈칸의 그림은 다음과 같습니다.

[문제 2]는 색칠한 칸이 위에서 아래로 한 칸씩 내려왔다고 볼 수 있습니다. 따라서 다음과 같은 그림이 빈칸에 오게 됩니다.

[문제 3]의 답은 C입니다. 이 문제는 도형의 모양과 색칠 방식에 숨어 있는 규칙을 관찰하는 활동입니다. 윗줄에서 아랫줄로 삼각형, 사각형, 원이 회전하며 나오고, 각 도형의 내부는 '빈칸 ⇨ 음영 ⇨ 색' 순서로 채워지는 것을 볼 수 있어요. 이렇게 규칙을 찾아가는 것이 바로 관찰의 힘이랍니다.

I.Q 테스트나 적성 검사에서 자주 볼 수 있는 이런 유형의 문제는 온라인이나 책을 통해서도 쉽게 찾아볼 수 있어요. 부모님이 먼저 풀어보고 아이와 함께 풀어보는 방식도 좋습니다. 아이가 혼자 풀기 어려워하면 "앞의 그림들과 뭐가 비슷하지?", "모양이나 색에 어떤 규칙이 있을까?"와 같이 질문을 던져가며 함께 생각해보세요.

무엇보다 중요한 건, 너무 어렵고 복잡한 문제부터 시작하지 않는 것입니다. 아이 눈높이에 맞는 쉬운 문제부터 차근차근 풀어보면서, 아이가 재미를 느끼고 "나도 할 수 있다"는 자신감을 갖도록 도와주세요.

왜 관찰이 중요한가?

문제를 해결할 때 가장 먼저 필요한 것은 정확하고 충분한 정보입니다. 그리고 그것을 얻기 위한 출발점은 바로 주의를 기울인 '관찰'입니다. 관찰은 새로운 아이디어나 창의적인 해결책을 떠올릴 수 있는 중요한 열쇠가 되기도 합니다. 아래의 세 가지 이야기를 통해, 관찰이 어떻게 놀라운 발견으로 이어졌는지 살펴보세요.

사례 1. "유레카!" 아르키메데스 이야기

고대 그리스 시라쿠사의 왕 히에론 2세는 자신의 왕관이 진짜 순금으로 만들어졌는지 궁금했습니다. 세공업자가 자신을 속이고 값비싼 순금 대신 은이나 다른 금속을 섞어 왕관을 만든 것은 아닌지 의심이 들었던 것이죠. 왕은 똑똑하기로 유명한 수학자 아르키메데스(BC 287년경~BC 212년경)에게 확인해줄 것을 요청했죠.

왕관은 복잡한 모양이라 부피를 측정하기가 쉽지 않았습니다. 왕관을 손상시키지 않고 부피를 측정할 방법을 찾느라 아르키메데스는 골머리를 앓았죠. 여러 날 골똘히 생각해도 왕관의 부피를 재는 방법을 찾을 수 없던 아르키메데스는 기분 전환을 위해 목욕탕을 찾았습니다.

뜨거운 물이 가득 찬 온탕에 몸을 담그자 자기 몸의 부피만큼 위로 올라오는 물을 유심히 바라보던 그는 왕관의 부피를 측정할 방법을 찾았죠. 물체가 물에 잠겼을 때 받는 부력의 크기가 물체가 밀어낸 물의 무게와 같다는 '아르키메데스의 원리'를 발견한 그는 흥분에 휩싸여 외쳤다고 합니다.

"유레카! 답을 찾았다!"

사례 2. 망치 소리에서 음악을 발견한 피타고라스

피타고라스(BC 580년~BC 500년)는 세상에 존재하는 모든 것은 수로 이루어졌다는 확신을 가졌던 고대 그리스의 수학자입니다.

어느 날 대장간 근처를 지나가던 피타고라스는 평소와 다른 조화로운 망치 소리를 들었어요. '왜 평소보다 듣기 좋은 소리가 날까?' 궁금해진 피타고라스는 대장간에 들어가 망치질하는 모습을 유심히 관찰했어요. 알고 보니, 소리가 조화롭게 들리는 망치들은 무게 비율이 2:1, 3:2, 4:3처럼 단순한 정수비를 이루고 있었던 거예요. 피타고라스의 이 발견은 음 사이의 비율이 정수비를 이루는 순정률의 기초가 되었습니다. 주변에서 흔히 들리는 작은 소리도 세심하게 관찰한 피타고라스 덕분에 서양음악의 기초가 놓였다고 볼 수 있죠.

사례 3. 비타민 C의 발견

사과를 깎아 놓으면 하얀 속살이 금세 갈색으로 변하는 것을 볼 수 있어요. 바나나도 마찬가지죠. 사과나 바나나 같은 과일이 공기 중 산소와 닿으면 색이 변하는 현상을 '갈변 현상'이라고 합니다. 헝가리 생화학자 알베르트 센트죄르지(1893~1986)는 갈색으로 변해버린 사과와 바나나를 보고 이렇게 물었습니다.

"사과나 바나나는 색깔이 변하는데, 오렌지는 왜 변하지 않는 걸까?"

그는 오렌지처럼 갈색으로 변하지 않는 과일 속에는 무언가 특별한 물질이 있을 것이라 생각했습니다. 그래서 그는 여러 과일을 실험하며 그 정체를 찾아 나섰고, 마침내 산화를 막는 중요한 물질 하나를 발견했습니다. 그게 바로 우리가 잘 아는 '비타민 C'입니다. 이 발견으로 센트죄르지는 1937년 노벨 생리의학상을 받았습니다. 사과 한 조각에서 시작된 질문과 관찰이 인류 건강을 지키는 위대한 성과로 이어졌지요.

앞의 세 가지 사례를 보면, 관찰이 단순히 '눈으로 보는 것'이 아니라는 걸 알 수 있습니다. 관찰은 '생각하면서 보는 것', 즉 집중력과 주의를 기울여 어떤 규칙이나 차이를 발견해내는 적극적인 행동입니다. 그냥 지나쳤다면 놓치고 말았을 현상도, 관심을 갖고 바라보면 뜻밖의 단서와 규칙성을 발견하게 됩니다. 이 규칙성은 문제를 해결하는 데 아주 중요한 힌트입니다.

관찰하기 연습 ① 규칙 찾기

수학자이자 과학 저술가인 이언 스튜어트(1945~)는 그의 책 《자연의 수학적 본성 Nature's Numbers》(1996)에서 수학을 이렇게 정의했습니다. "수학은 패턴의 과학이다."

우리는 흔히 수학을 숫자, 공식, 방정식처럼 딱딱하고 어려운 것으로 생각합니다. 하지만 수학은 본질적으로 세상 속에서 반복되거나 규칙적으로 나타나는 현상(패턴)을 찾아내고 설명하는 학문입니다. 매우 복잡해 보이는 현상이라도 자세히 들여다보면 반복되는 패턴을 발견할 수 있고, 수학자들은 이런 패턴을 찾아내어 숫자, 기호, 도형 등을 이용해서 설명하고 예측하는 일을 합니다. 실제로 수학은 물리학, 생물학, 경제학, 심리학 등 여러 분야에서 관찰되는 규칙성을 설명하는 데 중요한 역할을 합니다.

학생들에게 '규칙 찾기'라는 관점으로 수학을 접하게 하면, 학생들이 수학을 단순한 공식 암기가 아니라 세상을 이해하고 설명하는 흥미로운 학문으로 받아들이게 됩니다. 우리 나라에서는 7차 교육과정부터 '규칙성과 함수'라는 영역을 새로 도입했는데, 최근 새로 개정된 교육과정에서는 '변화와 관계'로 더 넓게 확장했습니다. 이 영역의 학습 목표를 보면 이런 문장이 등장합니다. "수학의 조화로운 규칙성을 발견함으로써 수학에 대한 새로운 흥미와 관심을 유발하고, 주위 사물을 새로운 눈으로 관찰할 수 있는 안목과 태도를 기른다."

규칙 찾기는 사고의 유연성과 독창적 사고를 기르고, 실생활에서 일어나는 수학적 사건에 대한 문제 해결력을 길러줍니다. 그래서 논술형 수학이나 사고력 수학 평가에도 빠지지 않고 나오는 주제입니다. 그렇다면 '규칙 찾기'는 어떻게 가르쳐야 할까요? 독일 수학자 가우스(1777~1855)의 유명한 일화에서 그 답을 찾을 수 있습니다.

가우스가 아홉 살 때입니다. 수업 시간에 선생님이 아이들에게 이렇게 말했습니다.

"1부터 100까지 다 더해보자."

선생님은 아이들이 1에서 100까지 모든 자연수를 더하려면 한참 걸릴

거라고 생각하고, 잠시 다른 일을 보려 했습니다. 그런데, 놀랍게도 가우스는 곧바로 손을 번쩍 들고 정답을 외쳤죠. 어떻게 그렇게 빨리 계산했을까? 가우스의 계산은 다음과 같았습니다.

$$1 + 2 + 3 + \cdots + 98 + 99 + 100$$

1부터 100까지의 합을 가우스는 1과 100, 2와 99, 3과 98, …와 같이 짝 지어 더해서 101이 되는 두 수의 쌍 50개로 생각한 겁니다. 따라서 계산하면 '101 × 50 = 5050'이라는 답이 나옵니다.

가우스의 어린 시절 일화에서 우리가 얻을 수 있는 가장 중요한 교훈은 '규칙을 찾기 위해서는 관찰이 필요하다'입니다. 다른 학생들이 1부터 100까지 숫자를 하나하나 더하기 시작했을 때, 가우스는 수들 사이의 관계를 먼저 관찰했습니다. 관찰에는 전체적으로 넓게 보고, 문제 해결의 출발점이 될 수 있는 작은 부분을 세심하게 보는 것이 포함됩니다. 그렇게 보려면 시간이 걸리는 게 당연합니다. 그래서 경우에 따라, 관찰하지 않고 그저 공식에 대입해서 부지런히 계산하는 게 더 빠르게 답을 얻는 방법이 되기도 합니다.

하지만 실생활에서 마주하는 문제나 사고력을 요구하는 어려운 수학 문제는 대부분 공식 하나로 쉽게 풀리지 않습니다. 이럴 때 중요한 건 '문제를 먼저 관찰하는 습관'입니다. 문제의 구조를 보고, 주어진 수들 사이에 어떤 규칙성이 숨어 있는지를 찾아야 합니다. 그래서 아이들에게 무작정 "빨리 풀어라"는 말보다는 "천천히 살펴보고 규칙이 있는지 찾아보자"라고 말해주세요.

이제부터는 관찰을 통해 규칙을 발견하고, 빈칸에 들어갈 알맞은 수를 추론하는 몇 가지 문제를 함께 풀어봅시다.

💡 **문제 4** 다음 빈칸에 올 수를 찾으세요.

❶ 3, 9, 7, 1, 3, 9, 7, 1, 3, (   )
❷ 3, 7, 11, 15, 19, 23, 27, (   )
❸ 1, 2, 4, 8, 16, 32, 64, (   )
❹ 1, 2, 4, 7, 11, 16, 22, 29, (   )
❺ 1, 1, 2, 3, 5, 8, 13, 21, (   )
❻ 1, 1, 3, 4, 5, 7, 7, 10, 9, (   )
❼ 1, 2, 3, 2, 3, 4, 3, 4, 5, (   )

수열을 관찰하며 패턴을 찾는 것이 필요합니다. 각각의 패턴은 다음과 같습니다.

❶ 3, 9, 7, 1, 3, 9, 7, 1, 3, (   ) (3, 9, 7, 1)이 반복되는 수열입니다. 따라서 (   ) = 9

❷ 3, 7, 11, 15, 19, 23, 27, (   ) 앞의 수와 다음 수의 차이가 4입니다. 따라서 (   ) = 31

❸ 1, 2, 4, 8, 16, 32, 64, ( ) 2배씩 늘어나는 수열입니다. 따라서 ( ) = 128

❹ 1, 2, 4, 7, 11, 16, 22, 29, ( ) 1, 2, 3, 4 …. 씩 늘어나는 수열입니다. 따라서 ( ) = 37

❺ 1, 1, 2, 3, 5, 8, 13, 21, ( ) 앞의 두 수를 더해서 쓰는 수열입니다. 따라서 8이 늘어나서 ( ) = 34

❻ 1, 1, 3, 4, 5, 7, 7, 10, 9, ( ) 홀수 번째는 2씩, 짝수 번째는 3씩 늘어납니다. ( ) = 13

❼ 1, 2, 3, 2, 3, 4, 3, 4, 5, ( ) 3개씩 묶어서 하나씩 늘어나는 수열입니다. 따라서 ( ) = 4

수열 문제는 쉽게 만들 수 있습니다. 패턴을 정해서 문제를 미리 만들고 그것을 아이들과 같이 풀어보세요. 너무 어렵고 복잡한 특별한 패턴을 풀면서 골머리를 쓸 필요는 없습니다. 이해할 수 있고 의미를 찾을 수 있는 패턴의 수열을 만들어서 아이들과 같이 풀어보세요.

관찰하기 연습 ② 달력

고대 문명이 일어난 바빌로니아, 이집트, 중국, 인도에서는 천체 관측을 통해 계절 변화를 예측했습니다. 이런 노력은 역법, 즉 달력 만드는 방법의 발달로 이어졌고 자연히 천문학과 수학이 발전하게 되었습니다. 정확한 달력을 만들어야 씨를 뿌리고 열매를 거두는 시기를 정하고, 가뭄, 홍수 등의 재해를 대비할 수 있었으니까 말입니다. 변화하는 천체를 살펴 일정한 규칙성을 발견해 생활에 이용한 흔적은 우리가 매일 사용하는 시계, 달력 안에 지금도 남아 있습니다. 일상에서 흔히 볼 수 있는 달력은 관찰을 통해 규칙 찾기 연습을 해볼 수 있는 아주 좋은 교구입니다.

다음은 2024년 8월 달력입니다.

			2024년 8월			
일	월	화	수	목	금	토
				1	2	3
4	5	6	7	8	9	10
11	12	13	14	15	16	17
18	19	20	21	22	23	24
25	26	27	28	29	30	31

일요일 날짜의 수를 순서대로 적으면 4, 11, 18, 25인데, 이 수들은 7씩 늘어나는 규칙이 있습니다. 다른 요일에 해당하는 수들도 마찬가지의 규칙을 가지고 있어요.

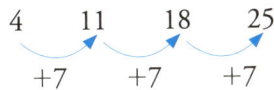

 이번에는 목요일에 해당하는 날짜의 수(1, 8, 15, 22, 29)를 7로 나누었을 때 나머지가 얼마인지 알아볼까요?

 목요일에 해당하는 날짜의 수를 7로 나누면 모두 나머지가 1입니다. 다른 요일에 해당하는 날짜의 수 역시 7로 나누었을 때 나머지가 모두 같습니다(일요일: 4, 월요일: 5, 화요일: 6, 수요일: 0, 금요일: 2, 토요일: 3). 사실 달력은 한 줄에 7개의 연속된 수를 늘어놓은 것이니 그럴 수밖에 없습니다.

 수요일에 해당하는 수는 7로 나눴을 때 나머지가 0이므로 7의 배수입니다. 화요일의 수와 목요일의 수를 더한 값은 어떤 수의 배수인가요? 예를 들어 화요일인 13과 목요일인 29를 더해보세요. 화요일의 수는 7로 나누었을 때 나머지가 6이고, 목요일의 수는 나머지가 1이므로 각 요일에 속한 어떤 수를 더하더라도 그 값은 7의 배수가 됩니다. 일요일과 토요일, 월요일과 금요일의 수 역시 마찬가지라는 걸 알 수 있습니다.

 달력에 배열된 수를 관찰하여 더 많은 규칙을 찾아낼 수 있습니다. 부록에 관련 문제를 소개하니 아이와 함께 누가 더 규칙을 먼저 찾아내는지 내기를 하며 즐겨보세요.

관찰하기 연습 ③ 색종이 접고 자르기

알록달록 색종이를 접고 자르며 다양한 모양을 만드는 종이접기 활동은, 아이들의 눈과 손의 협응력을 키우고 소근육 발달에도 큰 도움이 됩니다. 종이접기의 장점은 신체 발달에만 그치지 않아요. 접고 펼치는 과정 속에서 공감과 형태에 대한 이해력이 높아지고, 여러 가지 모양을 만드는 경험을 통해 창의적인 사고력과 상상력도 함께 자라 인지 능력을 향상시키는 데에도 좋습니다. 삼각형, 사각형, 다각형 등 다양한 도형을 만들며 도형의 성질을 배울 수도 있고, 접고 오리는 과정을 통해 대칭 개념을 자연스럽게 익힐 수 있습니다. 또한 여러 번 접은 후 오리면, 어떤 모양이 반복되거나 대칭적으로 나타나는지 관찰할 수 있지요. 이번에는 관찰하기 연습으로 알맞은, 색종이를 접고 오리는 문제를 소개하겠습니다.

문제 5 색종이를 대각선 방향으로 두 번 접은 후 아래 그림처럼 잘라냈습니다. 이것을 다시 펼치면 어떤 모양이 나올까요?

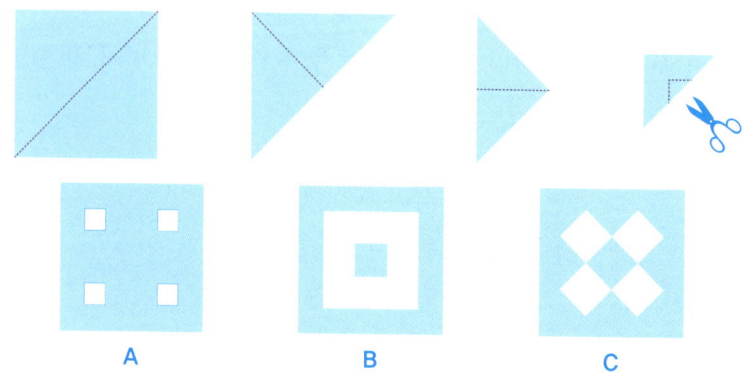

실제로 색종이를 접고 잘라보면 쉽게 답을 찾을 수 있는 문제지만, 색종이를 세 번 접고 자르는 과정이 있어서 그냥 생각만으로 풀기는 어른도 쉽지 않을 겁니다. 색종이를 접고 자르는 문제를 찬찬히 따져보면서 답을 찾아보시죠.

색종이를 접어서 자른 후 펼쳤을 때 나타나는 모양은 원래 모양을 뒤집는다고 생각하면 쉽습니다. 다음과 같이 색종이를 좌우로 반을 접은 후 선을 따라 자르고 펼치면, 처음 모양을 접은 선을 기준으로 왼쪽에 자른 모양을 뒤집은 모양이 나타납니다. 위아래로 반을 접은 후 선을 따라 자르고 펼치면, 접은 선 위에 뒤집은 모양이 나타나고요.

대각선으로 접고 자른 후 펼쳤을 때도 마찬가지입니다. 대각선을 따라 뒤집는다는 게 다를 뿐이죠. 색종이를 다음과 같이 대각선으로 한 번 접은 후 칠해진 부분을 잘라냈다면, 남은 부분을 펼쳤을 때 어떤 모양일까요? 옆에 있는 모눈종이에 그려보세요.

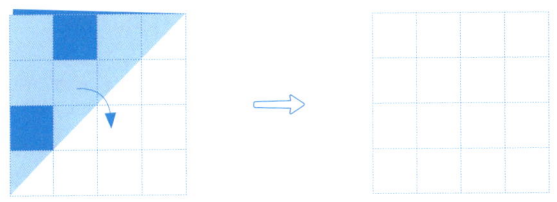

짙은 색인 부분을 잘라내고 나머지를 대각선을 따라 뒤집어서 펼치면 다음과 같아집니다.

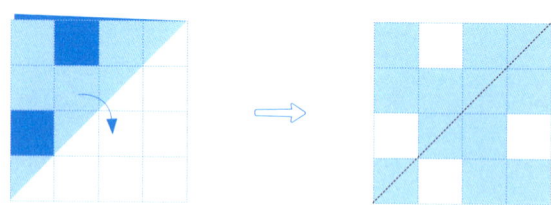

이제 접고 자른 모양을 펼쳤을 때 어떤 모양이 될지 머릿속에 그려지나요? 그렇다면 [문제 5]를 풀어볼 준비가 되었네요. 함께 풀어보겠습니다.

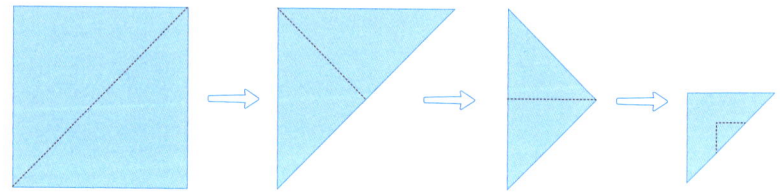

위와 같은 순서로 세 번 접은 종이를 표시대로 자른 후, 펼친 모양을 머릿속에 그려보세요. 맨 마지막 그림에서 시작해서 이전에 접은 선을 따라 뒤집은 모양을 떠올리면 됩니다. 아래 그림의 오른쪽에서 왼쪽의 모양이 머릿속에 그려질 겁니다.

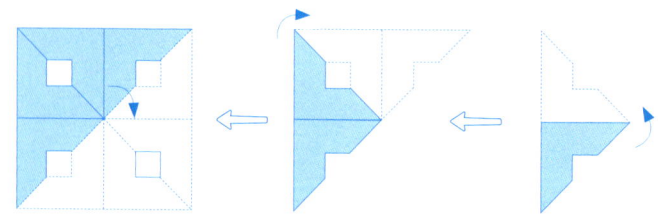

따라서 우리가 찾는 답은 A입니다. 이렇게 색종이를 반복적으로 접고 자르는 과정에서 패턴과 규칙성을 발견할 수 있어요.

색종이를 접고 오리는 활동은 도형 외에 수와 연산과 관련된 개념을 익히는 데에도 자주 사용됩니다. 같은 크기의 색종이를 반으로 접거나 자르는 과정을 통해 등분, 분수 개념을 익힐 수 있죠. 자연스럽게 수학적 사고를 키울 수 있는 기회가 되는 색종이 접고 오리기 활동을 아이들과 함께 즐겨보세요.

마음으로 바라보기

우리는 관찰을 통하여 규칙을 발견하고, 문제를 파악하며 해결의 실마리를 찾기도 합니다. 이때의 관찰은 단순히 '보는 것'이 아니라, 의도를 가지고 적극적으로 바라보는 행위라는 점을 강조하고 싶습니다. 그런 관찰이 얼마나 중요한지를 일깨워주는 시 한 편이 있습니다. 바로 나태주 시인의 시 〈풀꽃〉입니다. 시인은 자세히 보아야 예쁘고 오래 보아야 사랑스럽다고 말합니다.

짧지만 깊은 울림을 주는 이 시는, 애정을 담아 바라볼 때 비로소 보이는 아름다움에 대해 이야기합니다. 부모님이나 선생님이 적극적인 마음으로 관찰해야 할 대상이 있습니다. 바로 우리 아이들입니다. 마음을 다해 바라보면, 우리 아이가 어떤 생각을 하는지, 어떤 것을 좋아하고 잘하는지, 어떤 강점이 있는지 그리고 수학에 대해 어떤 마음을 갖고 있는지도 자연스럽게 보이기 시작합니다.

"너도 그렇다."

시의 마지막 구절입니다. 한번 음미해보세요.

모든 아이들은 예쁘고 사랑스럽습니다. 그 아름다움을 알아차리기 위해서는 시간이 걸리더라도 세심한 시선으로 바라보는 노력이 필요합니다. 아이를 향한 따뜻한 관찰이 아이의 가능성을 발견하는 첫걸음이 되어줄 것입니다.

③

수학은 약속의 언어다

{ 약속 파악하기 }

약속 파악하기

　모든 나라 사람들이 같은 언어를 쓰면 얼마나 좋을까요? 외국인과 편하게 대화하는 것은 상상만 해도 즐겁습니다. 또 지겨운 영어 공부 안 해도 되니 생각만 해도 참 좋습니다. 하지만 현실은 그렇지 않죠. 우리 말로 "사랑해!"라는 말은 영어로 "아이 러브 유 I love you", 중국어로 "워 아이 니 我爱你", 일본어로는 "아이시떼루 愛してる" 그리고 독일어로는 "이히 리베 디히 Ich liebe dich"라고 합니다. 같은 뜻이지만 전혀 다른 말을 쓰기 때문에 서로 알아들을 수가 없습니다.

　그런데 만일 한국 수학과 미국 수학, 그리고 일본 수학이 따로 있다면 어떨까요? 같은 내용이지만 전혀 다른 기호를 사용한다면 정말 머리 아플 거예요. 내용만으로도 머리가 아픈데 각 나라의 수학 기호를 따로 배워야 하니까 말입니다. 전 세계인이 같은 수학 기호를 사용한다는 것이 수학을 공부하는 학생들 입장에서는 너무나 다행스러운 일입니다.

기호만이 아닙니다. 어떤 개념이나 관계를 다르게 정의하거나 정리했다면 매우 큰 혼란이 있었을 겁니다. 수학은 일종의 언어이면서 공통의 약속을 기반으로 형성되어 있습니다. 그래서 정해진 약속을 파악하는 것, 그리고 약속대로 수학의 과정을 처리하는 것을 학습하고 익혀야 합니다. 이번 장에서는 약속을 파악하고 약속대로 과정을 처리하는 것에 대해 알아보겠습니다.

수학은 언어다

세계 모든 나라가 공통으로 쓰는 숫자가 있는데, 바로 아라비아 숫자입니다. 0, 1, 2, 3, 4, 5, 6, 7, 8, 9의 10개 숫자로 아주 작은 수부터 아주 큰 수까지 나타낼 수 있습니다. 예를 들어 숫자 2, 5, 6을 사용해서 256이라고 쓰면 백이 2개, 십이 5개, 일이 6개 모인 '이백오십육'이라는 수를 나타내는 거죠.

$$256 = 2 \times 100 + 5 \times 10 + 6 \times 1$$

위의 수에서 첫 번째 숫자 2는 200을 의미하고 두 번째 5는 50, 그리고 세 번째 숫자 6은 그냥 6입니다. 이렇게 숫자가 놓인 자리에 따라 값이 달라지므로 백의 자리, 십의 자리, 일의 자리라고 부릅니다. 이런 표기법을 위치기수법이라고 합니다. 너무 당연한 이야기처럼 들리겠지만, 사실 전 세계인들이 모두 이런 언어를 쓰기 시작한 것은 그렇게 오래된 일이 아닙니다. 유럽 사람들은 14세기까지 로마 숫자를 주로 사용했다고 합니다. 로마 숫자는 가끔 시계에서 볼 수 있는데, 1에서 10까지는 'I, II, III, IV, V, VI, VII, VIII, IX, X'와 같이 표기합니다. I는 1, V는 5, X는 10, L은 50, C는 100, D는 500, M은 1000입니다. 수 표현은 각각을 더한 값으로 표현하는데, 가령 LXVII는 $50+10+5+2=67$입니다. 앞에서 우리가 예를 들었던 256은 CCLVI으로 표현합니다.

$$256 = CCLVI$$

 큰 수부터 표현하는데, 작은 단위의 수가 큰 수 앞에 오면 빼기의 의미를 갖습니다. $VI=5+1=6$이지만, $IV=5-1=4$와 같은 거죠. $IX=10-1=9$, $IIL=50-2=48$입니다. 우리가 지금 사용하는 아라비아 숫자의 십진기수법과 비교하면 너무 복잡하죠. 로마 숫자로 곱셈과 나눗셈을 하는 것은 매우 힘들어서 주판을 활용하여 계산을 했다고 합니다. 로마 숫자보다 더 복잡한 고대 그리스 숫자를 사용하던 때에는 곱셈을 배우러 유학을 갔다고 하더군요.

 중세 유럽의 수학은 종교적인 이유로 탄압을 받으며 거의 1000년 동안 발전을 하지 못합니다. 그러는 사이에 아랍에서는 실용적으로 활용할 수 있는 대수학이 발전했는데요, 아라비아 숫자를 도입하여 사용한 것이 큰 역할을 합니다. 피보나치 수열로 잘 알려진 피보나치가 아라비아 숫자를 유럽에 소개하고 나서, 15세기 이후 하나 둘씩 아라비아 숫자를 받아들입니다. 역사적으로 17세기에는 천재들이 한꺼번에 태어났다고 해서 천재의 시기라고 부릅니다. 데카르트, 페르마, 파스칼, 뉴턴 등의 천재들이 폭발적으로 수학, 과학을 발전시킬 수 있었던 데에는 아라비아 숫자를 기반으로 한 십진기수법의 도입이 매우 큰 역할을 했습니다.

수학은 약속이다

수학을 하나의 언어라고 했는데요, 언어는 기본적으로 공통의 약속입니다. 가령, "이것은 책상이다", "이것은 의자다"라고 부를 때에는 나만의 기분으로 그렇게 부르는 것이 아니라, 모든 사람들이 그렇다고 받아들입니다. 우리가 공통의 약속으로 정한 일종의 언어이지요. 교통표지판도 공통의 약속이고 특정 의미를 표현한 일종의 언어라고 할 수 있습니다.

수학에는 어떤 약속이 있는지 생각해볼까요? 다음과 같은 도형을 삼각형, 사각형, 오각형 그리고 원이라고 부르는 것도 일종의 약속이죠.

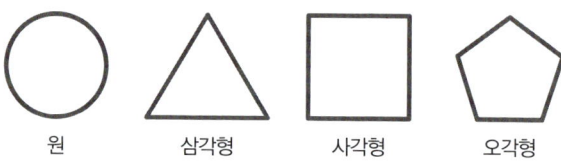

다음과 같은 수식 표현도 수학의 약속입니다. 이런 표현의 의미를 정확하게 이해하는 것이 바로 수학 공부의 출발점입니다.

$$3^2 = 3 \times 3$$
$$3^5 = 3 \times 3 \times 3 \times 3 \times 3$$
$$(\sqrt{3})^2 = 3$$

수식 표현뿐 아니라, 수학적인 내용을 처리하는 것에도 약속이 있습니다. 다음 문제들을 풀어볼까요?

$$9 - 3 \times 2 + 1 = ?$$

이 문제는 9-3을 먼저 계산하여 $9 - 3 \times 2 + 1 = 6 \times 2 + 1 = 13$이라고 답하면 안 됩니다. 연산의 약속 중 중요한 것이 곱셈과 나눗셈을 덧셈과 뺄셈보다 먼저 한다는 것입니다. 따라서 $9 - 3 \times 2 + 1 = 9 - 6 + 1 = 4$와 같이 계산해야 맞습니다. 이런 사칙연산의 약속은 매우 기본적인 것인데, 실제로 많은 사람이 제대로 하지 못합니다.

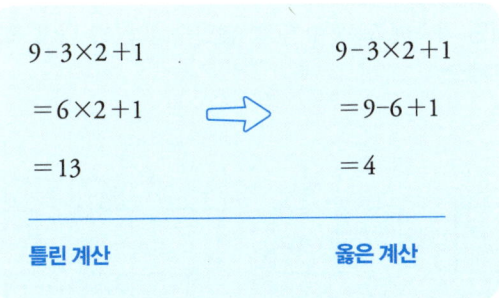

수학이 일종의 약속이라면 약속을 파악하고 약속대로 과정을 처리하는 연습은 수학적인 능력을 키우는 매우 중요한 요소입니다. 약속을 파악하고 약속대로 처리하는 문제 몇 개를 같이 살펴보겠습니다.

문제 1 어떤 약속에 의해 수를 써 넣었습니다. 빈 칸에 적당한 수를 써 넣으세요.

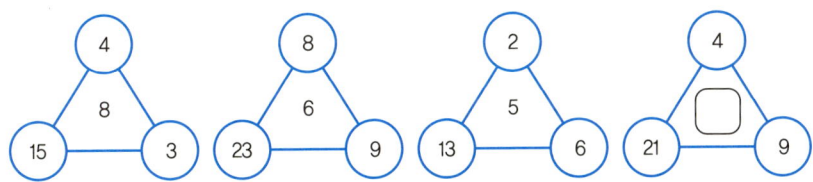

3. 수학은 약속의 언어다

💡 **문제 2** 어떤 약속에 의해 수를 써 넣었습니다. 빈 칸에 적당한 수를 써 넣으세요.

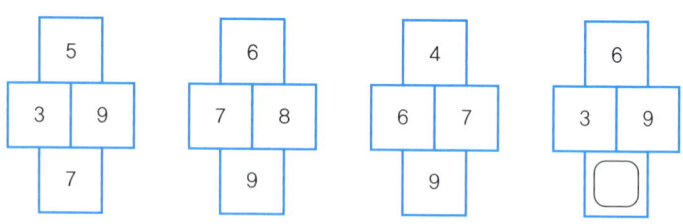

💡 **문제 3** 어떤 약속에 의해 수를 써 넣었습니다. 빈 칸 A, B에 적당한 수를 써 넣으세요.

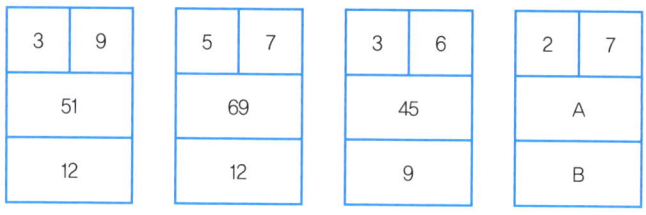

[문제 1] 가장 큰 수에서 나머지 두 수의 합을 빼서 삼각형의 중앙에 쓰는 것입니다. $21-(4+9)=8$입니다. [문제 2]는 위 아래의 수와 중앙의 두 수의 합이 같다는 것이 약속입니다. 따라서 $3+9=6+□$, $□=6$입니다. [문제 3]은 약간 어렵게 느껴지는데요, 어떤 규칙이 있는지 이렇게 저렇게 생각해보게 하세요. 그런 활동이 다양한 시각을 갖게 하고 수에 대한 센스도 키워줍니다. [문제 3]의 약속은 처음 두 개의 숫자의 합이 B입니다. 그리고 A는 처음 두 개의 수를 두 자릿수로 생각해서 B와 더한 값입니다. 가령, 첫 번째 수들을 보면 $3+9=12$가 된 것이고, $39+12=51$이

된 것입니다. 두 번째와 세 번째의 수들에서도 이런 관계를 확인할 수 있습니다. 따라서 2+7=9=B이고, A는 27+9=36입니다.

규칙을 찾고 약속을 파악하는 것은 아이들과 같이 할 수 있는 재미있는 놀이가 될 수 있습니다. 이런 활동을 통하여 관찰력도 향상시키고 관계를 이해하는 능력 그리고 수에 대한 감각도 키울 수 있습니다. 몇 가지를 직접 만들어서 아이들과 해보시면 좋습니다. 문제로 제시되는 형식에 약간씩 변화를 준다면 좀 더 좋겠죠. 가령 다음과 같은 문제를 한번 보시죠.

문제 4 다음에서 수들의 관계를 파악하여 빈 칸에 적당한 수를 넣으세요.

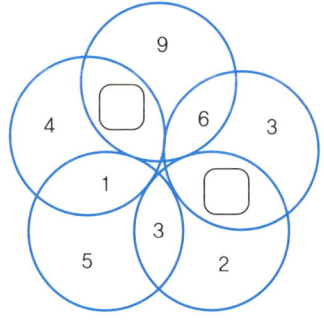

집합을 연상시키는 그림에 수들이 들어가 있습니다. 관계를 보면 교집합의 위치에 있는 수는 두 집합에 제시된 수의 차라는 것을 알 수 있습니다. 4와 5가 있는 집합의 교집합에 1이 있고, 5와 2가 있는 집합의 교집합에 3이 있고 9와 3이 있는 집합의 교집합에는 6이 있는 것이죠. 따라서 다음과 같이 빈칸을 채울 수 있습니다.

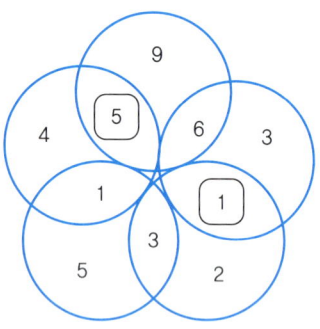

약속 파악하기 연습 ① 빈칸 채우기

어떤 규칙을 이해하고 규칙대로 연산을 처리하는 것을 다양한 문제를 통하여 이해하고 연습하면 좋습니다. 추상적인 수학적 내용도 때로는 구체적인 경험들을 통하여 이해하는 것이 도움이 됩니다. 다음과 같은 것도 경험해봅시다. 다음 표에는 동그라미, 사각형 등의 도형이 제시되는데, 같은 도형에는 같은 수가 들어갑니다. 가로세로 줄의 합이 각각 오른쪽 아래쪽 수인 것이죠. 왼쪽의 예시를 참고하여, 같은 방법으로 오른쪽의 빈칸을 채워보세요.

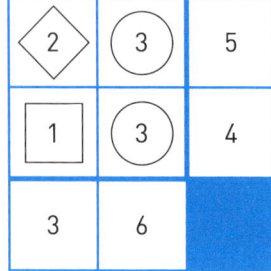
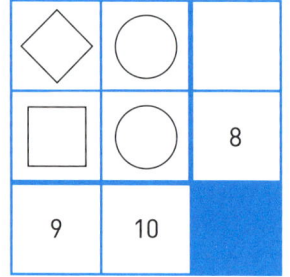

오른쪽 빈칸을 채울 때 가장 먼저 주목해야 하는 것은 ○ 2개의 합이 10이라는 사실입니다. 따라서 ○=5이고, □+5=8 이므로 □=3입니다. ◇+3=9이므로 ◇=6이고, 오른쪽 위의 빈칸은 6+5=11인 것이죠. 이렇게 순차적으로 하나하나 처리하는 과정을 밟는 것이 수학적인 문제 해결 과정인 것입니다.

약속을 파악하고 약속에 따라 연산을 처리하는 유형의 문제들을 몇 개 소개합니다. 하나하나 순차적으로 필요한 수를 파악하며 빈칸에 적당한 수를 넣어보세요.

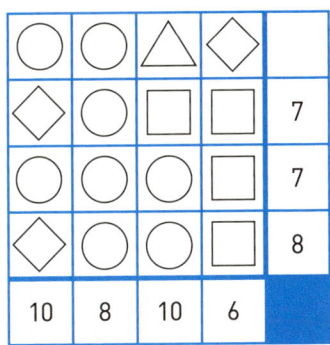

첫 번째 문제는 □을 3개 더한 값이 15이므로 □=5입니다. □+□+◇=18이므로, ◇=8입니다. ◇+□+△=16이므로, △=3입니다. 또한 △+□+○=9이므로, ○=1입니다. 따라서 아래 빈칸은 △+◇+○=3+8+1=12입니다.

두 번째 문제 역시 같은 방법으로 다음과 같은 답을 낼 수 있습니다.

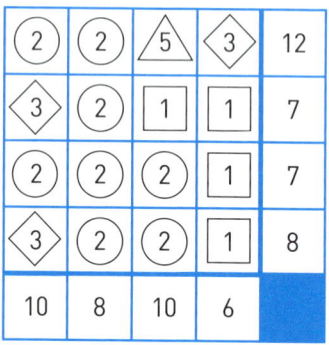

3개의 문제를 같이 살펴봤습니다. 이런 문제는 동그라미, 네모 그리고

세모의 숫자를 미리 생각하면 같은 형식의 문제를 쉽게 더 만들 수 있습니다.

이 빈칸 채우기는 숫자 퍼즐의 하나인 복면산입니다. 복면산覆面算은 숫자의 일부나 전부가 숫자가 아닌 모양과 문자로 나타난 식을 말합니다. 숫자를 문자로 숨기고 가려서 나타내므로 '숫자가 복면(일종의 가면)을 쓰고 있는 연산'이라는 뜻이죠. 빈칸에 들어갈 알맞은 수를 찾으면서 아이들은 미지수, 방정식의 해와 풀이 방법과 같은 개념을 이해하게 됩니다.

약속 파악하기 연습 ② 거꾸로 거슬러 올라가기

앞의 문제와 비슷한, 알지 못하는 어떤 수(미지수)를 찾는 문제를 몇 개 더 소개합니다. 일정한 연산을 통해 얻어진 결과에서 시작해 거꾸로 거슬러 올라가 처음 시작했던 어떤 수를 찾는 문제들입니다. 이런 문제를 풀면서 아이들은 주어진 연산을 거꾸로 하는 역연산이라는 개념과 방정식의 풀이 방법을 자연스럽게 익힐 수 있습니다.

'거꾸로 생각하기'는 어떤 문제를 해결할 때, 정반대 방향으로 생각해 보는 방법입니다. 어떤 계산의 결과를 주고 처음에 시작한 수를 찾는 문제를 풀 때, 특히 유용하게 쓸 수 있는 방법이죠. 아주 간단한 예를 들어볼까요? 어떤 수에 3을 더했더니 10이 되었다고 합시다. 어떤 수와 3을 더해 10이 되었으니까, 10에서 더해진 3을 빼면 원래의 어떤 수가 됩니다. 따라서 어떤 수는 7이죠. 결과에서부터 거꾸로 거슬러 올라가며 계산할 때는 덧셈은 뺄셈으로, 뺄셈은 덧셈으로, 곱셈은 나눗셈으로, 나눗셈은 곱셈으로 계산합니다. 이번에는 살짝 복잡한 문제를 풀어보시죠.

💡 **문제 5** 딱지치기를 해서 10개를 딴 후에 친구에게 8개를 빌려주었습니다. 그 후 다시 9개를 잃고 빌려준 것에서 4개를 받았습니다. 지금 가지고 있는 딱지가 15개라면, 처음에 가지고 있던 딱지는 몇 개일까요?

'어떻게 계산할까' 생각하기 전에 먼저 그림을 그려보세요. 문제의 조건을 그림으로 그리면 아래와 같습니다. 그림의 네모 칸에 거꾸로 계산을 넣고 그에 맞춰 거슬러 올라가며 계산해서 빈칸을 채워보세요.

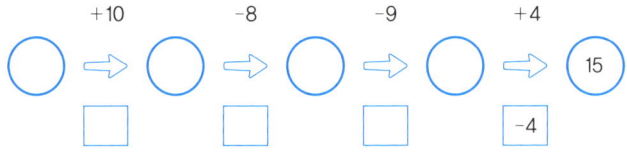

차근차근 계산을 했다면 처음에 가지고 있던 딱지가 18개라는 것을 금방 알아낼 수 있을 겁니다. 문제가 너무 쉬워 아쉬울 수도 있으니 비슷한 문제 하나 더 연습해봅시다.

💡 **문제 6** 가영이는 가지고 있는 카드 중 6장을 나영이에게 주고, 다영이에게서 8장을 받았습니다. 남은 카드를 동생과 똑같이 나누어 가졌더니 7장이었습니다. 가영이가 맨 처음 가지고 있던 카드는 몇 장이었을까요? 거꾸로 계산으로 빈칸을 채워 답을 찾아보세요.

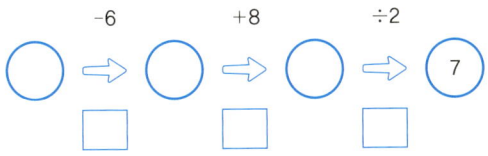

거꾸로 계산해보면 답이 $7 \times 2 - 8 + 6 = 12$라는 것을 알 수 있습니다.

12가 답이 맞는지 검산하는 것도 좋은 습관입니다. $12 - 6 = 6$이고, $6 + 8 = 14$ 그리고 $14 \div 2 = 7$이므로 12가 정답이라는 것을 확인할 수 있습니다.

약속 파악하기 연습 ③ 미지수 찾기

앞에서 제시한 문제들을 풀 수 있다면, 알지 못하는 어떤 수를 찾는 문제, 다시 말하면 방정식을 충분히 풀어낼 수 있습니다. 아직 숫자와 문자를 다루는 데 익숙하지 않은 아이들이 이해하기 쉽도록 직접 만질 수 있는 사탕이나 구슬을 준비해서 문제 상황 속으로 아이들이 들어갈 수 있게 해주세요.

다음과 같이 두 개의 접시에 사탕이 각각 9개, 5개가 있습니다. 왼쪽에 있는 사탕 몇 개를 오른쪽으로 옮기면 두 접시의 사탕이 같아질까요?

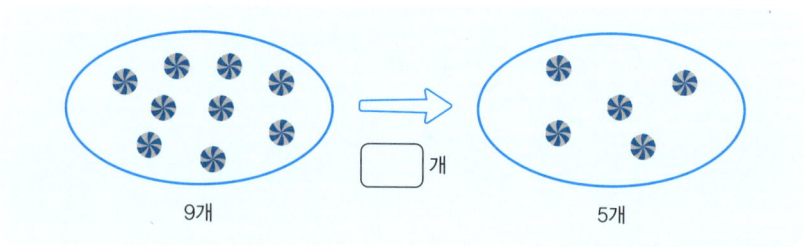

아이들이 문제 상황을 쉽게 이해하지 못한다면, 사탕을 직접 하나하나 옮기면서 양쪽 접시의 개수를 세어보며 답을 찾아가는 것도 좋은 방법입니다. 9개, 5개일 경우 왼쪽 접시에서 2개를 덜어 오른쪽 접시에 더하면 양쪽 접시의 사탕 개수가 같아진다는 것을 파악했다면, 비슷한 상황을 만들어서 몇 번 더 연습하는 방법도 좋아요.

이렇게 구체적으로 사탕을 갖고 옮기기를 한 다음에는 숫자와 문자를 이용해 식으로 나타내서 설명을 해주세요. 사탕을 옮기는 구체적인 행동을 추상적인 식으로 나타내는 것이 바로 수학의 '약속'입니다.

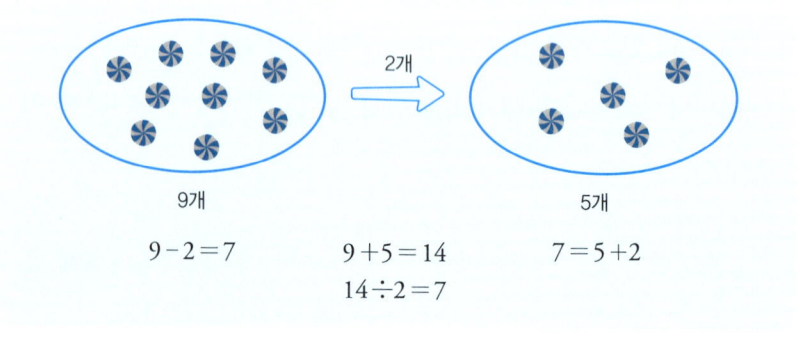

$$9-2=7 \qquad 9+5=14 \qquad 7=5+2$$
$$14 \div 2=7$$

눈에 보이는 사탕으로 설명했을 때, 충분히 잘 이해하면 그 다음에는 사탕 없이도 질문을 해보세요. "33개의 사탕이 있는 접시와 7개의 사탕이 있는 접시가 있을 때, 두 접시에 같은 양의 사탕이 있게 하려면 33개의 사탕이 있는 접시에서 몇 개의 사탕을 덜어 7개의 사탕이 있는 접시에 더해야 할까?" 약간 어려워하면 종이에 그리고 쓰도록 해주세요. 그림과 식으로 표현하는 과정을 통해 아이들은 스스로 문제를 파악하고 풀이 방법을 찾아갑니다.

13개
33 →→ 7

33−13 = 20   33 + 7 = 40   7 + 13 = 20
40 ÷ 2 = 20

앞에서 한쪽이 더 많이 가진 사탕을 똑같이 나누는 방법을 살펴봤습니다. 이번엔 한쪽이 더 많이 가지도록 하는 문제를 살펴볼까요?

> 사탕이 15개 있습니다. 지수가 지민이보다 3개 더 많이 가지도록 나누려고 합니다. 사탕을 어떻게 나눠야 할까요?
>
>

지수가 지민이보다 사탕을 3개 더 갖는 방법은 먼저 지수가 3개를 갖고 나머지를 반씩 나눠 가지면 됩니다. 15개에서 3개를 빼면 15−3=12이고 12을 반으로 나누면 6입니다. 따라서 지수 6+3=9개, 지민이 6개로 나누면 됩니다.

약속 파악하기 연습 ④ 양팔 저울과 방정식

수학에서는 두 개의 대상이 서로 같다는 것을 등호 '='를 사용해 나타냅니다. '3-2=1', '2x=10'과 같이 등호가 들어 있는 식을 등식이라고 합니다. 등호의 왼쪽에 있는 부분을 좌변, 오른쪽에 있는 부분을 우변이라고 하고 양쪽 모두를 말할 때는 양변이라고 합니다. '같음을 나타내는 기호'인 등호의 좌변과 우변은 서로 같습니다. 마치 균형을 이루고 있는 양팔 저울의 왼쪽과 오른쪽의 무게가 같듯이 말입니다. 양팔 저울을 이용하면 등식이 가진 성질을 쉽게 이해할 수 있습니다.

첫 번째, 양팔 저울이 균형을 이루면 다음과 같이 오른쪽에 있는 물건들의 합과 왼쪽에 있는 물건들의 합이 같습니다.

두 번째, 수평을 이루고 있는 양팔 저울의 양쪽에 같은 것을 올려놔도 수평이 유지됩니다. 이것은 등식의 양변에 같은 수를 더해도 등식이 성립한다는 것과 같습니다.

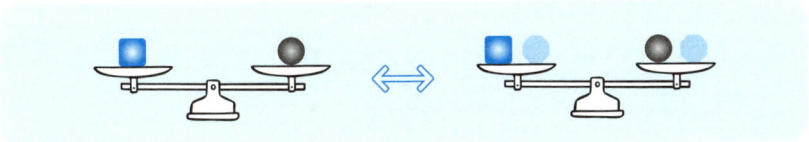

세 번째, 수평을 이루고 있는 양팔 저울의 양쪽에 같은 배수만큼 물건을 올려놔도 수평이 유지됩니다. 이것은 등식의 양편에 같은 수를 곱해도 등식이 성립한다는 의미입니다.

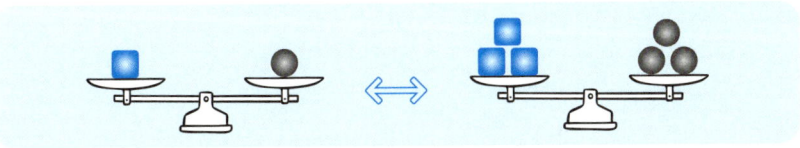

이런 기본적인 관계를 이용하여 양팔 저울 문제를 풀다 보면 아이들은 자연스럽게 등식의 성질을 이해하고, 방정식의 풀이 방법을 익히게 됩니다. 간단한 양팔 저울 문제를 풀어봅시다.

💡 **문제 7** 다음 그림의 양팔 저울은 모두 평형을 이루고 있습니다. 🔵 1개는 🔷 몇 개의 무게와 같을까요?

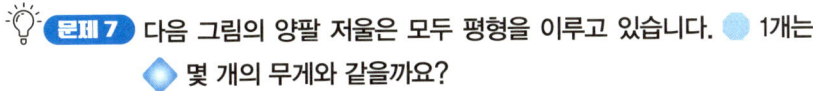

왼쪽 양팔 저울에서 🟦와 🔷⚫가 평형을 이루고 있기 때문에 오른쪽 양팔 저울의 🟦 대신에 🔷⚫을 올려놔도 다음 그림과 같이 그대로 평형을 이룹니다.

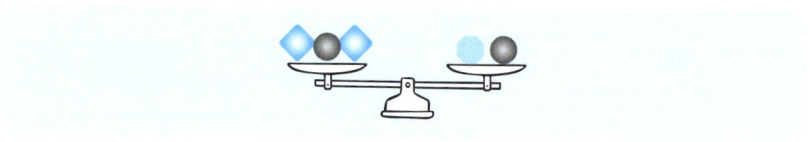

양쪽 접시에서 ●을 꺼내고 나면 왼쪽 접시에는 ◇ 2개가, 오른쪽 접시에는 ○ 1개가 남습니다.

문제 8 다음 그림의 양팔 저울은 모두 평형을 이루고 있습니다. ◇ 1개는 ■ 몇 개의 무게와 같을까요?

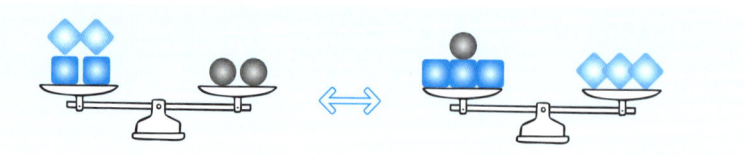

왼쪽 저울에서 ● 1개는 ◇ 1개와 ■ 1개를 더한 것과 같습니다. 오른쪽 저울에 있는 ● 1개를 ◇ 1개와 ■ 1개로 바꾸어 놓을 수 있습니다.

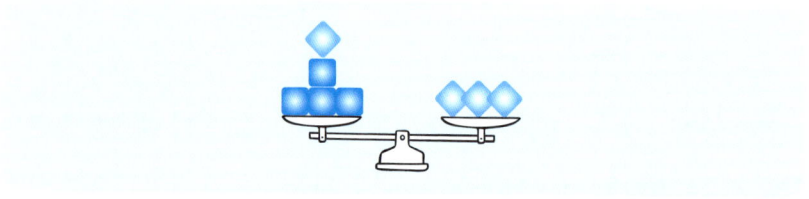

이제 양쪽 접시에서 ◇ 1개씩을 덜어내면 왼쪽 접시에는 ■ 4개, 오른쪽 접시에는 ◇ 2개가 남습니다. ◇ 1개는 ■ 2개의 무게와 같습니다.

구체적인 것에서 추상적인 것으로

수학은 추상적입니다. 현실 세상에 있는 구체적인 것을 추상화하여 표현하고 처리하는 것이 수학이죠. 그래서 수학의 약속들을 잘 이해하고 활용해야 합니다. 구체적으로 하나하나 개별적으로 처리하는 것이 아닌, 특정 개념을 갖고 추상적으로 문제를 해결하는 사례를 하나 소개합니다.

문제 9 1에서 7까지의 수를 한 번씩만 사용하여 다음 두 개의 덧셈을 완성하려고 합니다. 4와 7은 이미 사용했는데, 나머지 수들 중 다음 두 개의 덧셈 식을 완성하는데 사용할 수 없는 수는 무엇일까요?

$$\square + \square = 4$$

$$\square + \square = 7$$

이 문제는 1에서 7 사이에 있는 수를 한 번씩만 사용하여 빈 칸에 넣어서 4와 7을 만드는 방법으로 사용되지 않는 수를 찾을 수 있습니다. 그런데, 이렇게 생각할 수도 있습니다. 최종적으로 식이 완성되었을 때, 4개의 빈칸을 채운 수들의 합은 $4+7=11$입니다. 1에서 7까지의 수 중 4와 7을 제외한 1, 2, 3, 5, 6의 합은 $1+2+3+5+6=17$입니다. 결과적으로 $17-11=6$, 6은 사용되지 않았을 것이란 걸 알 수 있는 거죠. 구체적으로 4개의 수를 □칸에 각각 넣어보지 않아도 우리는 결과를 알 수 있는 겁니다. 이런 것이 바로 추상적인 생각의 힘입니다.

이 문제 역시 먼저 적당한 수를 더하는 과정을 하면서 같은 유형의 문제를 만들 수 있습니다. 문제들을 더 만들어서 아이들과 같이 풀어보는 활동을 해봐도 좋을 거 같습니다. 같은 유형의 문제를 하나 더 소개합니다.

문제 10 1에서 10까지의 수를 한 번씩만 사용하여 다음 세 개의 덧셈을 완성하려고 합니다. 6과 9 그리고 10은 이미 사용했습니다. 나머지 7개의 수들 중 다음 세 개의 덧셈 식을 완성하는데 사용할 수 없는 수는 무엇일까요?

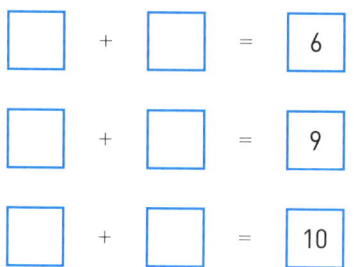

[문제 8]과 같은 아이디어를 적용하면 결과적으로 6개의 수를 더한 값은 6+9+10=25입니다. 1에서 10까지의 수들 중 6, 9, 10을 제외한 수들을 모두 더하면 1+2+3+4+5+7+8=30입니다.

따라서 30−25=5, 5는 □을 채우는 일에 사용되지 않을 것입니다.

수학 언어의 활용

일상의 언어처럼 우리는 수학이라는 언어를 사용합니다. 우리는 언어를 사용하여 동물과 다른 깊이 있는 생각을 할 수 있습니다. 수학이라는 언어도 생각을 하기 위해 사용합니다. 수학은 일반적으로 문제 해결에 유용하게 사용되는 언어라고 볼 수 있습니다.

예를 들어, 3개에 1000원씩 파는 붕어빵을 5000원어치 산다면 붕어빵이 몇 개일까요? 우리는 다음과 같은 계산을 할 겁니다.

$$3 \times 5 = 15$$

이렇게 5000원을 주고 살 수 있는 붕어빵의 개수를 미리 알 수 있지요.

이런 생각도 해볼까요? 지금 총 20개의 붕어빵이 있는데, 이것을 5명이 나눠 먹으려면 1인당 몇 개씩 먹으면 될까요? 이런 질문에 우리는 다음과 같은 계산을 할 겁니다.

$$5 \times x = 20$$
$$x = \frac{20}{5} = 4$$

이 계산 역시 다음과 같이 20개의 붕어빵을 5명이 공평하게 나누는 것을 수학을 활용하여 쉽게 처리합니다.

조금 더 어려운 문제를 풀어볼까요?

동네 가게에서 사과 하나에 2000원인데, 대형 마트에서는 사과 하나를 1000원에 판다고 합니다. 마트까지 갔다 오기 위해서는 교통비 20000원이 들어가는데요, 한 번에 몇 개 이상 사면 마트에 가서 사는 것이 이익일까요?

이런 질문에 우리는 수학이라는 언어를 이용하여 다음과 같이 표현할 수 있습니다. x개를 산다면 동네에서 사는 것은 $2000x$원이 될 것이고, 마트에서 산다면 $(20000+1000x)$원이 될 것입니다. 마트에서 사는 것이 더 싸다는 것은 $2000x > 20000+1000x$을 의미합니다. 이것을 계산하면 다음과 같습니다.

$$2000x > 20000 + 1000x$$
$$1000x > 20000$$
$$x > 20$$

따라서 한 번에 20개 이상 구매한다면 교통비가 들어도 마트에 가서 사는 것이 이익입니다.

수학을 하나의 언어로 생각하면 우리가 사용하는 현실의 언어로 된 문제를 수학 언어로 잘 바꾸는 것이 수학을 잘 활용하는 것입니다. 은유적으로 현실 세계와 수학 세계를 생각해도 좋습니다. 현실 세계에 있는 문제를 수학 세상으로 가져가서 수학적인 방법으로 풀어서 현실 세상의 문제를 해결하는 것이죠. 앞에서 우리가 풀었던 문제를 사례로 생각하면 다음과 같이 생각할 수 있습니다.

학교 수학을 통해 우리 아이들은 많은 수학적 언어를 배우게 됩니다. 2차 방정식을 넘어서 더 높은 차수의 고차방정식 풀이를 배운 후엔 미적분도 배울 겁니다. 그런데, 이런 수학적 언어를 배우는 것보다 더 중요한 것은 현실 문제를 수학적 언어로 표현하는 것입니다. 학생들은 문장형 수학 문제를 특히 어려워한다고 합니다. 문장으로 주어진 구체적 상황을 수식으로 나타내지 못하는 거죠. 막상 수식이 주어지면 쉽게 풀 수 있으면서 말이에요. 사실 일상에서 더 중요한 것은 수식을 푸는 능력이 아닌 수학적 언어로 표현하는 능력입니다.

현실 세계
동네 사과 2000원
마트 사과 1000원
교통비   20000원

20개 이상 사면
마트에서 사는 것이 유리함

수학 세계
$2000x > 20000 + 1000x$
$1000x > 20000$

$x > 20$

수학적 언어를 잘 활용해야 한다는 것을 보여주는 또 하나의 사례를 소개합니다. 이런 질문을 해볼까요?

> 7로 나누면 나머지와 몫이 같고, 3의 배수인 수를 찾으세요.

수학 언어를 사용하여 이 문제에 접근해보겠습니다.

먼저 A라는 수를 B라는 수로 나눌 때 수학에서는 Q라는 몫과 R이라는 나머지를 다음과 같이 표현합니다.

$$A = B \times Q + R$$

이것이 수학 언어입니다. 이 수학 언어를 활용하여 '7로 나누면 나머지와 몫이 같은 수'를 다음과 같이 쓸 수 있습니다.

$$n = 7 \times R + R$$

나머지와 몫이 같다고 했기 때문에 둘 다 R이라고 쓴 것이죠. 이것은 다음과 같이 n이 8의 배수라는 것을 우리에게 알려줍니다.

$$n = 7 \times R + R = 8R$$

여기에서 한 가지 주의해야 할 것이 있습니다. R은 7로 나눈 나머지이기 때문에 R = 0, 1, 2, 3, 4, 5, 6 중 하나라는 사실입니다. 따라서 n = 8R인 수는 0, 8, 16, 24, 32, 40, 48입니다. 이 중에서 3의 배수인 수는 24와 48뿐입니다.

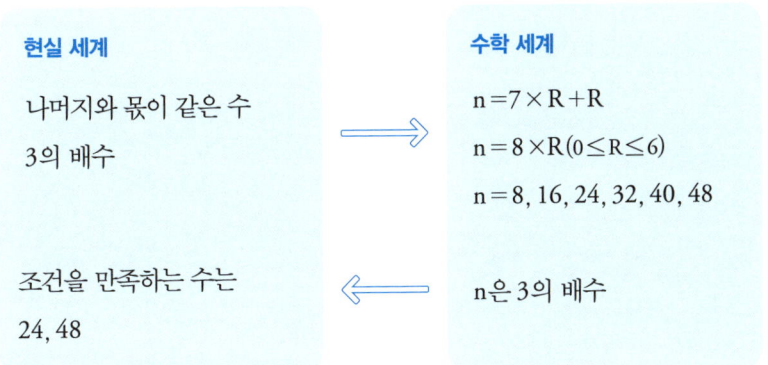

수학에서 어떤 수를 나눌 때 나머지와 몫을 $A=B \times Q+R$와 같이 표현하는 것은 다양한 경험을 통하여 얻은 효과적인 표기법인데, 이것을 수학 언어로 받아들이면 좋습니다. 수학 언어를 활용하면 사례로 살펴본 것처럼 현실의 문제를 효과적으로 해결할 수 있습니다. 학교에서 수학을 공부할 때에는 이런 수학 언어를 확실하게 이해하고 활용하는 방법을 연습해야 수학을 잘할 수 있습니다.

④

복잡한 문제도 나누면 쉬워진다

{ 분석하는 습관 }

분석하는 습관

 뭔가를 잘 알려면 어떻게 해야 할까요? 예를 들어, 아이에게 새 학기에 만난 담임 선생님에 대해 물어본다고 해볼게요. "담임 선생님 어떠셔?"라고 물었을 때, "응, 좋아!"라는 대답만 들으면 뭔가 허전하죠. 선생님이 남자인지 여자인지, 어떤 과목을 가르치시는지 같은 구체적인 정보를 알면 훨씬 더 잘 이해할 수 있을 거예요.

 무언가를 깊이 알고 싶을 때, 그냥 대충 뭉뚱그려 생각하면 제대로 알 수 없어요. 대신, 하나하나 쪼개서 생각해야 더 선명해지죠. 이런 걸 '분석'이라고 불러요. 분석은 어떤 대상을 더 잘 이해하고, 더 깊이 알게 해주는 멋진 생각 기술이에요. 특히 문제 해결을 할 때 꼭 필요하답니다. 수학에서도 분석은 아주 중요한 역할을 해요. 자, 분석에 대해 함께 알아볼까요?

하나하나 나누어 생각하기

분석이라는 단어를 한자로 한번 볼까요?

分　析
나눌 분　쪼갤 석

'분分'은 '여덟 팔八' 아래에 '칼 도刀'가 있는 글자예요. 이 한자는 "나누다"라는 뜻을 가지고 있죠. 칼로 무언가를 썰듯이 쪼개는 느낌이 딱 들지 않나요? 수학에서는 이 글자가 '분수'처럼 쓰이기도 해요. 또 '석析'은 '나무 목木'과 '도끼 근斤'이 합쳐진 글자예요. 나무를 도끼로 쪼개는 모습이 떠오르죠. 그러니까 분석이라는 말 자체가 큰 것을 작은 조각으로 나누는 걸 의미한답니다.

사전에서는 분석을 이렇게 설명해요.

- 복잡한 현상을 여러 각도에서 풀어서 논리적으로 이해하는 것
- 어떤 개념이나 대상을 더 단순한 요소로 나누는 일

쉽게 말해, 복잡한 걸 쪼개서 단순하게 만드는 게 분석이에요. 이렇게 하면 어려운 것도 훨씬 쉽게 이해할 수 있죠!

분석의 기본은 무언가를 나누고 정리하는 거예요. 우리 주변에서 이런 활동은 이미 자주 하고 있답니다. 예를 들어, 빨래를 생각해봐요. 수건과 속옷, 어두운 색 옷과 밝은 색 옷을 따로 구분하죠. 그 이유는 세탁 방법이

다르고, 흰 옷과 검은 옷을 같이 빨면 물이 들 수도 있으니까요. 빨래를 널거나 마른 옷을 정리할 때도 누구 옷인지 나누어 정리해야 해요.

이런 활동은 아이들과 함께하면 더 재미있어요! 아이들은 부모님을 따라 하길 좋아하니까, 빨래를 널거나 개면서 자연스럽게 분류하는 법을 배울 수 있죠. 집 안의 물건을 색깔, 크기, 용도 같은 기준으로 나누어 보는 것도 분석적 사고를 키우는 좋은 방법이에요. 장난감, 책장의 책, 냉장고 속 음식들을 쪼개서 정리해보면, 나누어 생각하는 힘이 쑥쑥 자란답니다.

분석적 사고를 기르는 정말 재미있는 방법 중 하나는 아이들과 뭔가를 계획하고 준비해보는 거예요. 예를 들어, 생일 파티를 함께 준비해볼까요? 생일에 친구들을 초대해 즐거운 시간을 보내는 건 아이들에게 신나는 경험이 될 뿐 아니라, 분석적 사고를 키우는 멋진 기회랍니다.

생일 파티를 준비하려면 먼저 큰 그림을 여러 조각으로 나누어 생각해야 해요. 아이들에게 이런 질문들을 던져보면 어떨까요?

- 생일 파티에 친구를 몇 명 초대할까?
- 파티는 몇 시에 시작해서 언제까지 할까?
- 파티에서 어떤 놀이를 하면 재미있을까?
- 친구들에게 어떤 간식을 줄까?
- 간식을 나눠주려면 몇 개가 필요할까?
- 파티를 준비하는 데 돈은 얼마나 들까?

이런 질문 하나하나가 문제를 쪼개서 생각하는 과정이에요. 생일 파티를 준비하면서 아이들은 인원 수, 예산, 공간 정리, 활동 순서 같은 여러 가지를 나누어 고민하고 계획해요. 이 과정은 복잡한 상황을 체계적으로 분석하고 해결하는 능력을 자연스럽게 키워준답니다. 무엇보다, 파티 준비는 재미있으니까 아이들이 신나게 배울 거예요!

어려운 문제도 나누면 쉬워진다

우리는 복잡하고 어려운 문제를 척척 푸는 사람을 보고 "정말 똑똑하다!"라고 하죠. 하지만 똑똑한 사람도 문제를 한 번에 뚝딱 풀어내는 건 아니에요. 그 비결은 복잡한 문제를 잘게 쪼개서 단순하고 쉽게 만드는 데 있답니다. 어려운 문제를 내가 잘 아는 익숙한 조각들로 나누어 생각하는 게 바로 '분석'이에요. 그렇게 하면 매우 복잡해 보이던 문제도 갑자기 단순하고 풀기 쉬운 문제로 변신하죠! 이걸 아주 잘 보여주는 재미난 이야기를 하나 소개할게요.

> **수동이의 똑똑한 콩알 세기**
>
> 옛날, 어느 마을에 수동이라는 아이가 살았어요. 수동이는 말썽꾸러기였지만 머리가 아주 영리한 아이였죠. 어느 날, 수동이는 장난을 치다가 아버지가 아끼시던 도자기를 깨뜨리고 말았어요. 깨진 도자기 조각 앞에 꿇어앉은 수동이는 잔뜩 겁먹은 얼굴로 아버지가 오시길 기다렸답니다. 울면서 "용서해주세요!"라고 빌었지만, 아버지는 회초리 대신 특별한 임무를

주셨어요.

"광에 있는 콩 한 가마니 속 콩알이 몇 개인지 이틀 안에 세어 와라. 못 세면 종아리 맞을 줄 알아!"

아버지는 수동이가 콩알을 하나씩 세면서 참을성을 배우기를 바란 거예요.

"예, 아버지! 알겠어요!"

수동이는 큰 소리로 대답했지만, 곧장 광으로 달려가 콩을 세기는커녕 친구들과 놀러 나가버렸어요.

이 모습을 본 어머니는 깜짝 놀라 "아버지 말씀대로 콩알을 세!"라고 다그치셨지만, 수동이는 "걱정 마세요, 제게 생각이 있어요!"라며 씩씩하게 놀러 갔답니다. 다음 날도 친구들과 신나게 놀던 수동이는 아버지가 집에 오실 시간이 되어서야 슬슬 집으로 돌아왔어요.

드디어 콩알 세기를 시작한 수동이, 그런데 이 녀석, 콩 한 가마니를 하나씩 세는 대신 아주 똑똑한 방법을 생각해냈어요. 하인에게 "가서 됫박 하나 가져와!"라고 한 뒤, 됫박에 콩을 가득 채우고 그 안의 콩알을 하나하나 세었어요. 금방 한 됫박에 콩알이 몇 개인지 알아낸 수동이는 다시 하인에게 "이제 콩 한 가마니가 몇 됫박인지 재어봐!"라고 했죠. 그러고는 쓱쓱 계산을 시작했어요.

(콩 한 가마니 안의 콩알 개수) =
(한 됫박에 든 콩알 수) × (콩 한 가마니에 든 됫박 수)

마침 그때 아버지가 집에 돌아오셨고, 수동이는 자신 있게 콩알 개수와 그걸 어떻게 알아냈는지 차근차근 설명드렸어요. 수동이의 이야기를 들은 아버지와 어머니는 깜짝 놀라며 크게 감탄하셨어요.

"이 녀석, 말썽꾸러기인 줄만 알았더니 이렇게 똑똑할 수가!" 하시며 말이죠.

수동이 이야기에서 알 수 있듯이, 큰 문제는 한 번에 해결하려 하기보다, 작고 다루기 쉬운 조각으로 나눠 하나씩 해결하는 것이 훨씬 똑똑한 방법이에요. 사실, 우리나라 수학 교과서도 이런 식으로 짜여 있답니다. 복잡한 내용을 잘게 쪼개서 차근차근 배우도록 말이죠.

개념적으로 무언가를 나누는 것보다 눈으로 직접 보면서 나누는 게 훨씬 더 쉽게 느껴질 때가 있죠. 자, 재미있는 도전 하나 해볼까요? 다음 정육각형을 18개의 똑같은 조각으로 나눠보세요. 눈으로 보고 쪼개다 보면 분석의 재미를 더 쉽게 느낄 수 있을 거예요.

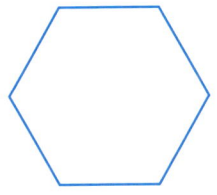

정육각형을 18등분하는 문제는 수동이가 콩알을 똑똑하게 세었던 방법에서 힌트를 얻을 수 있어요. 자, 이렇게 생각해볼까요? 18은 6×3이니까, 정육각형을 먼저 6등분한 다음, 그 조각을 다시 3등분하면 18조각이 되겠죠. 정육각형은 정삼각형 6개로 쉽게 6등분할 수 있어요. 그리고 각 정삼각형은 꼭지점에서 무게중심으로 선을 그어 3등분할 수 있답니다. 이렇게 하면 정육각형을 깔끔하게 18조각으로 나눌 수 있죠! 자, 한번 눈으로 상상하며 따라가 볼까요?

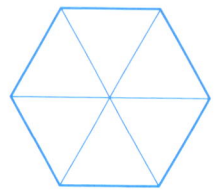  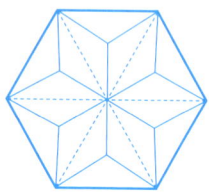

정육각형을 18등분했던 아이디어를 다른 문제에도 멋지게 써먹을 수 있어요. 예를 들어, 정육각형을 24등분해야 한다면, 24는 6×4라는 걸 떠올리면 되죠. 그러니까 먼저 정육각형을 6등분하고, 그 조각 하나하나를 다시 4등분하는 거예요. 이렇게 하면 깔끔하게 24조각으로 나눌 수 있답니다. 자, 어떻게 하는지 한번 볼까요?

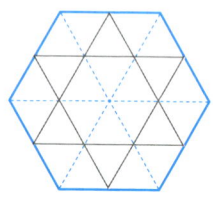

정육각형을 6등분하는 방법은 하나만 있는 게 아니에요. 여러 가지 재미난 방법을 생각해볼 수 있죠. 예를 들어, 6은 2×3이니까 먼저 2등분한 뒤 3등분하거나, 반대로 3등분한 뒤 2등분하는 식으로 접근할 수 있어요.

이렇게 다양한 방법으로 나눠볼 수 있답니다. 자, 몇 가지 예시를 함께 살펴볼까요?

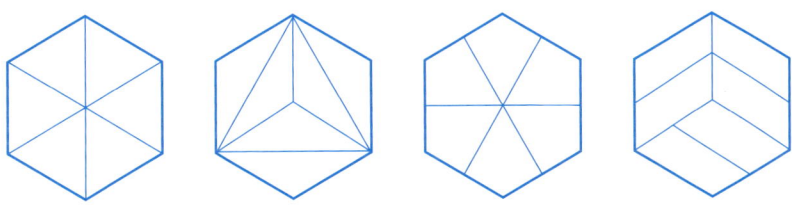

자, 새로운 문제를 하나 더 풀어볼까요?

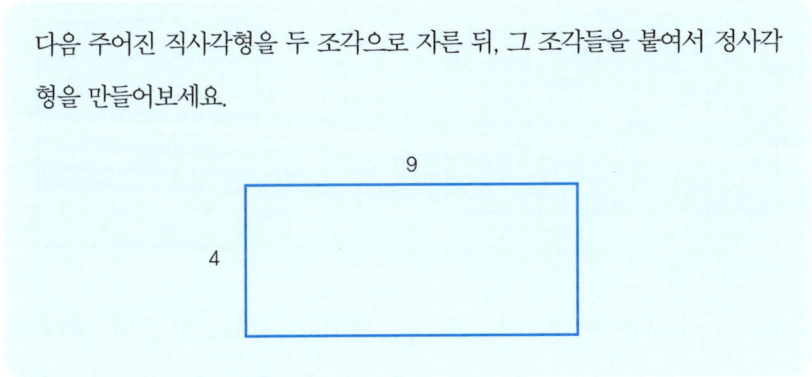

다음 주어진 직사각형을 두 조각으로 자른 뒤, 그 조각들을 붙여서 정사각형을 만들어보세요.

이 문제는 직사각형을 딱 두 조각으로 나눈 다음, 조각들의 위치를 잘 조정해서 붙이면 정사각형이 되도록 만드는 퍼즐이에요. 어디서부터 시작해야 할까요? 가장 먼저 생각할 건 바로 넓이예요. 주어진 직사각형의 크기가 가로 4, 세로 9이니까 넓이는 4×9=36이죠. 이 직사각형을 두 조각으로 나눠 다시 붙여 정사각형을 만든다면, 그 정사각형의 넓이도 36이어야 해요. 정사각형의 넓이가 36이라는 건 한 변의 길이가 6×6=36, 즉

6이어야 한다는 뜻이에요.

이제 직사각형을 어떻게 자를지 생각해볼까요? 직사각형을 칸으로 나눠보면 두 조각으로 나눴을 때, 그 조각들을 잘 맞춰 붙이면 한 변이 6인 정사각형이 되도록 만들 수 있어요. 자, 머릿속으로 그림을 그리며 어떤 방법으로 자르고 붙일지 상상해보세요.

자, 이 문제를 풀기 위해 직사각형을 칸으로 나눠서 생각해볼게요. 이렇게 하면 두 조각으로 나눴을 때 그 조각들을 붙여 한 변이 6인 정사각형을 만드는 방법을 더 쉽게 떠올릴 수 있어요.

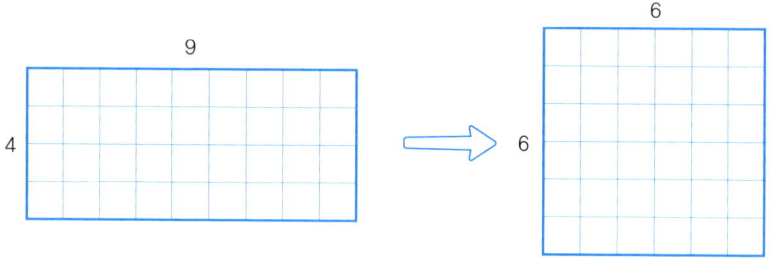

주어진 직사각형은 가로 9, 세로 4로, 넓이가 36이죠. 이걸 두 조각으로 나눠서 정사각형(6×6=36)으로 만들려면 어떻게 해야 할까요? 먼저 칸을 나눠서 생각해보면, 가로 9칸은 3칸을 줄여 6칸으로, 세로 4칸은 2칸을 더해 6칸으로 만들어야 한다는 걸 알 수 있어요. 이렇게 칸을 조정해서 최종적으로 정사각형 모양을 완성하는 거예요. 결론적으로, 직사각형을 아래와 같은 방식으로 나누고 조각을 붙이면 딱 맞게 한 변이 6인 정사각형이 완성됩니다!

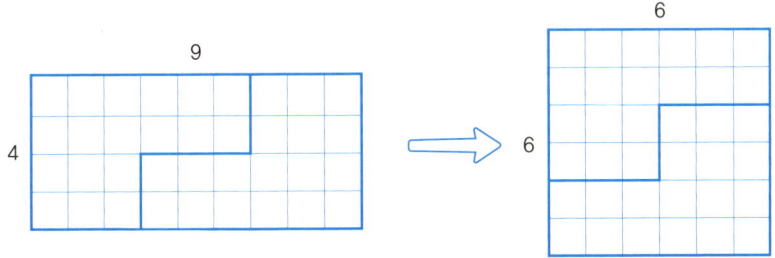

나누어 묶기, 분류

수학에서 소수는 정말 특별한 존재예요. 왜냐하면 모든 정수는 소수의 곱으로 쪼개서 생각할 수 있기 때문이죠. 이게 왜 중요할까요? 소수를 알면 수의 본질을 더 깊이 이해하고, 문제를 훨씬 쉽게 풀 수 있답니다.

예를 들어, 120을 소수의 곱으로 나타내볼게요.

$$120 = 2 \times 2 \times 2 \times 3 \times 5 = 2^3 \times 3 \times 5$$

이렇게 소인수분해를 하면 120이란 수가 가진 성질이 잘 보여요. 우선, 2, 3, 5가 120의 소인수라는 사실을 알 수 있고, 120의 모든 약수를 쉽게 구할 수 있어요. 또한 120과 다른 수의 최대공약수, 최소공배수를 구할 때도 큰 도움이 돼요. 재미있게도 120은 5 이하의 모든 자연수의 곱($5 \times 4 \times 3 \times 2 \times 1$)이면서 연속하는 다섯 개의 자연수의 곱으로 나타낼 수 있는 가장 작은 수라는 것도 알 수 있네요.

이제 또 다른 문제를 통해 소수의 곱으로 나타내기가 가진 힘을 직접 느껴보겠습니다.

1에서 10까지 모든 수의 배수가 되는 가장 작은 수, 즉 최소공배수를 구해볼까요? 어떻게 구하면 될까요?

먼저 1부터 10까지 수를 살펴보면 1, 2, 3, 4, 5, 6, 7, 8, 9, 10이 있어요. 여기서 2, 3, 5, 7은 소수이니까, 최소공배수는 이 소수들을 반드시 포함해야 해요. 나머지 수들(4, 6, 8, 9, 10)은 소인수분해를 해서 어떤 소수가 필요한지 알아봐야 해요.

$$4 = 2 \times 2 \qquad 6 = 2 \times 3$$
$$8 = 2 \times 2 \times 2 \qquad 9 = 3 \times 3$$
$$10 = 2 \times 5$$

이렇게 소인수분해해서 쭉 펼쳐놓고 보면, 최소공배수를 만들기 위해 필요한 소수를 알 수 있어요. 1부터 10까지 모든 수를 나누는데 필요한 소수들은 이렇습니다.

- 2는 최대 3개(8 때문에 2^3 필요)
- 3은 최대 2개(9 때문에 3^2 필요)
- 5는 1개(5와 10 때문에)
- 7은 1개(7 때문에)

1부터 10까지의 최소공배수를 다음과 같이 계산할 수 있어요.

$$2 \times 2 \times 2 \times 3 \times 3 \times 5 \times 7 = 2520$$

수학에서는 무언가를 나누고, 분류하고, 다시 묶는 작업을 정말 많이 해요. 이런 과정이 문제를 깔끔하게 정리하고 해결하는 데 효과적이기 때문이에요. 대표적인 예로 나머지를 들 수 있어요. 나머지를 기준으로 수를 분류하면 복잡한 문제가 훨씬 간단하게 해결되는 걸 볼 수 있어요.

예를 들어, 5로 나눈 나머지를 생각해볼까요? 세상의 모든 정수는 5로 나눴을 때 나머지를 기준으로 5개의 묶음으로 나눌 수 있어요. 나머지가 0, 1, 2, 3, 4인 수들끼리 각각 한 팀을 만드는 거죠. 예를 들어, 3, 8, 13, 18 같은 수들은 모두 나머지가 3이어서 같은 팀에 들어갑니다. 1, 6, 11, 16 같은 수들은 나머지가 1인 수들이어서 또 다른 팀이 되고요. 5로 나누었을 때의 나머지로 수들을 분류하면 다음 그림과 같이 5개의 팀으로 나눌 수 있어요.

자, 이제 구체적인 문제를 통해 나누고 묶는 분류가 얼마나 큰 도움이 되는지 알아보겠습니다. 다음 문제를 함께 풀어볼까요?

다음 수 중 몇 개를 골라 그 수들의 합이 50이 되게 만들어보세요. 몇 개를 골라도 상관없습니다. 중요한 건 합이 정확하게 50이 되면 됩니다!

마구잡이로 더해서 합이 50이 되길 바라는 마음이 들 수도 있죠. 하지만 그건 생각 없이 문제를 푸는 거예요. 더할 수 있는 수들의 조합이 워낙 많아서 운이 좋지 않으면 합이 50이 되는 수들을 찾기까지 쓸데없는 노력만 쏟게 될 거예요. 그러니 무작정 시도하기보다는 똑똑하게 전략을 세워 접근해봅시다.

우선, 이 문제는 수들이 마구 섞여 있어서 복잡해 보일 수 있어요. 그래서 수들을 먼저 깔끔하게 정리해볼게요. 작은 수부터 차례대로 써 놓으면 수들을 훨씬 더 쉽게 파악할 수 있을 거예요.

3, 6, 9, 12, 15, 19, 21, 25, 27, 30

작은 수부터 차례대로 정리해보니 한눈에 들어오죠! 이렇게 보니까 주어진 10개의 수 중에서 19와 25를 빼고는 모두 3의 배수라는 걸 알 수 있어요. 19와 25는 3으로 나누면 나머지가 1이고, 50은 3으로 나누면 나머지가 2예요. 이 점을 잘 생각해보면, 50을 만들기 위해서는 나머지가 1인 수인 19와 25가 반드시 포함되어야 한다는 걸 알 수 있어요. 3의 배수들만 더하면 나머지가 0이 되니까, 나머지 2를 맞추려면 19와 25가 필요하거든요.

자, 19＋25＝44니까, 여기서 50을 만들려면 6만 더하면 딱 맞아요! 그러니까 합이 50이 되는 숫자 조합은 {19, 25, 6}가 되는 거죠. 더 멋진 건, 이 조합 외에는 50을 만들 수 있는 다른 방법이 없다는 걸 확신할 수 있다는 점이에요. 이렇게 숫자를 나머지로 분류했더니 복잡했던 문제가 순식간에 간단해졌어요.

방금 우리가 푼 문제를 되짚어보면, 숫자들을 3으로 나눈 나머지(0, 1, 2)로 세 가지 묶음으로 나눠 생각한 덕분에 문제를 깔끔하게 풀었어요. 이렇게 나누고, 분류하고, 묶는 방법은 수학에서 정말 유용한 기술이랍니다. 세상에는 여러 가지 생각 기술이 있지만, 사실 그렇게 복잡하고 많은 종류가 있는 것도 아니에요. 그중에서도 '분석', 즉 큰 문제를 작은 조각으로 나눠 생각하는 기술은 가장 대표적이고 강력한 도구 중 하나예요. 이 방법을 꼭 기억해서 여러분이 마주한 문제를 풀 때 활용해보세요.

분석하기 연습 ① 3의 배수 파악하기

왜 우리는 큰 문제를 작은 조각으로 나누어 분석할까요? 문제를 더 깊이 이해하고, 그 안에 숨어 있는 핵심을 찾아내기 위해서예요. 어떤 상황이나 문제든, 그 중심에는 중요한 포인트가 있기 마련이죠. 분석은 그 핵심을 정확히 짚어내는 강력한 방법이에요.

이런 분석의 재미를 느끼며 핵심을 파악하는 연습으로, '3의 배수 판정법'을 함께 알아볼까요? 자, 이런 질문부터 시작해봅시다.

"267은 3의 배수일까요? 아닐까요?"

수학에 익숙한 사람이라면 이 질문에 다음과 같이 설명할 겁니다.

$$267 = 200 + 60 + 7$$
$$267 = 2 \times 100 + 6 \times 10 + 7$$
$$267 = 2 \times (99 + 1) + 6 \times (9 + 1) + 7$$
$$267 = 2 \times 99 + 6 \times 9 + 2 + 6 + 7$$
$$267 = (2 \times 11 + 6) \times 9 + 2 + 6 + 7$$

이렇게 식을 펼쳐 놓으니 복잡하고 어려워 보이지만, 267은 어떤 수에 9를 곱한 것에 각 자릿수를 더한 합과 같다는 거예요.

$$267 = (어떤 수) \times 9 + 2 + 6 + 7$$

여기서 9는 3의 배수니까, '2+6+7'의 합이 3의 배수라면 267 전체도 3의 배수가 되는 거예요. 그리고 더 나아가, '2+6+7'이 9의 배수라면

267은 9의 배수까지 되는 거죠. 실제 계산해보면 2+6+7=15이고, 15는 3으로 나눠지니까 3의 배수는 맞지만, 9로 나눠지진 않으니 9의 배수는 아니에요. 결론적으로, '267은 3의 배수이지만 9의 배수는 아니다'라는 걸 알 수 있죠.

이렇게 어떤 수가 3의 배수인지 알아보려면 그 수의 각 자릿수를 더해서 그 합이 3의 배수인지 확인하면 되는 거예요. 예를 들어, 어떤 숫자가 abc(예: 267에서 a=2, b=6, c=7)라면, 이렇게 쓸 수 있답니다.

$$abc = a \times 100 + b \times 10 + c$$
$$abc = a \times (99+1) + b \times (9+1) + c$$
$$abc = (\blacksquare) \times 9 + a + b + c$$

그래서 세 자릿수 abc(예: 267)를 보면, 각 자릿수의 합 a+b+c가 3의 배수라면 그 숫자도 3의 배수예요. 만약 합이 3의 배수가 아니라면 3의 배수가 아닌 거죠. 간단하지만 정말 강력한 방법이에요.

이 방식은 우리가 숫자를 10진법으로 표현하는 걸 잘 활용한 거랍니다. 숫자를 더 깊이 이해하고, 수학에 자신감을 키우는 데 큰 도움이 되죠. 하지만 이 방법을 아이들에게 "그냥 외워!"라고 강요하기보다는, 재미있게 하나씩 탐구해보는 게 훨씬 좋아요. 예를 들어, 간단한 숫자부터 조금 복잡한 숫자까지 차근차근 확인해보면서 3의 배수인지 분석해보는 거예요.

다음과 같은 숫자들을 아이들에게 보여주고, "이 수들이 3의 배수일까, 아닐까?" 하며 함께 풀어보면 어떨까요?

$$372, 217, 362, 711, 837, 153, 617, \cdots$$

세 자릿수가 3의 배수인지 알아보는 방법을 확실히 익혔다면, 네 자릿수도 똑같은 방식으로 쉽게 알아낼 수 있어요. 어떻게 하는지 볼까요?

우리가 10진법을 쓰니까, $1000=999+1$, $100=99+1$, $10=9+1$이라는 걸 알 수 있죠. 여기서 999, 99, 9는 모두 3의 배수예요. 그러니까 네 자릿수 abcd(예: 1234라면 $a=1$, $b=2$, $c=3$, $d=4$)를 이렇게 생각할 수 있어요. 결국, $a+b+c+d$의 합이 3의 배수라면 그 네 자릿수도 3의 배수가 되는 거예요.

$$abcd = a \times 1000 + b \times 100 + c \times 10 + d$$
$$abcd = a \times (999+1) + b \times (99+1) + c \times (9+1) + d$$
$$abcd = (\blacksquare) \times 9 + a + b + c + d$$

이렇게 한 가지를 쪼개서 깊이 파고드는 분석적 사고 습관을 들이면, 어떤 문제든 분석적으로 접근하게 돼요. 그러다 보면 문제 해결력이 쑥쑥 자라납니다.

분석하기 연습 ② 수학 마술

아이들과 함께 재미난 수학 마술을 하나 해볼까요? 이 마술은 간단하면서도 신기해서 아이들이 깜짝 놀랄 거예요. 마술사는 딱 세 개의 수 7, 11, 13만 기억하면 된답니다. 자, 어떻게 하는지 차근차근 알아볼게요.

- 아이에게 세 자릿수를 하나 생각하라고 해요. 예를 들어, 325를 골랐다고 해볼게요.
- 이제 그 수를 두 번 연속으로 쓰라고 하세요. 그러면 325325가 되죠.
- 이 수를 7로 나누라고 해요. 325325÷7 = 46475가 나옵니다.
- 그 결과를 다시 11로 나누세요. 46475÷11 = 4225가 나와요.
- 마지막으로, 그 결과를 13으로 나누세요. 4225÷13 = 325. 짜잔! 처음 생각한 수가 나왔죠.

세 자릿수를 두 번 연속으로 쓰고, 그 수를 7, 11, 13으로 차례대로 나누면 언제나 처음 생각했던 세 자릿수가 딱 나오게 되어 있어요. 이 과정을 마술처럼 연출하면 아이들이 "우아, 어떻게 아셨어요?" 하며 신기해할 거예요.

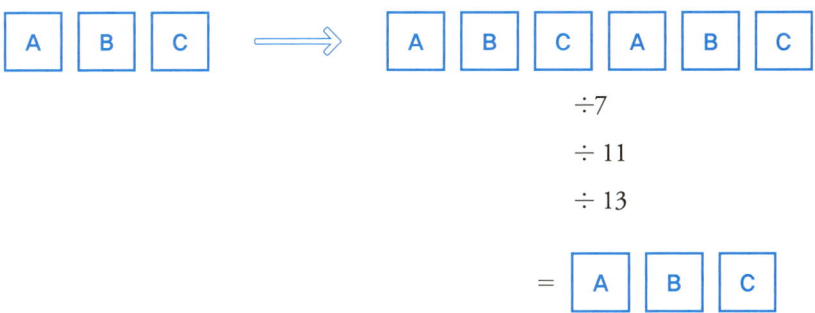

마술을 한번 연출한 후에는 다른 세 자릿수를 가지고 아이와 함께 확인을 해보세요.

예를 들어, 462를 생각해볼까요?

$\div 7 = 66066$

$\div 11 = 6006$

$\div 13 = 462$

이 수학 마술은 어떤 세 자릿수를 생각해도 언제나 처음 생각했던 수가 나온다는 게 신기한 점이에요. 하지만 이 마술의 진짜 매력은 "왜 이런 결과가 나올까?"를 아이들과 함께 파헤쳐보는 데 있습니다. 마술을 멋지게 보여주는 것도 재미있지만, 그 뒤에 숨은 이유를 분석하며 생각하는 과정이 훨씬 더 값지답니다.

이 마술의 핵심은 우리가 나누는 수들인 7, 11, 13에 있어요. 이 수들을 곱하면 1001이 나옵니다.

$$7 \times 11 \times 13 = 1001$$

세 자릿수 ABC에 1001을 곱하면 이것을 연속으로 쓴 여섯 자릿수 ABCABC가 얻어집니다. ABCABC는 ABC×1001인 겁니다.

$$ABC \times 1001 = ABCABC$$

그 다음에 7, 11, 13으로 차례대로 나누는 과정은 1001을 다시 지워주는 과정이에요. 1001은 7×11×13이니까, 이 수들로 나누면 결국 1001이 사라지고 원래 수 ABC만 남습니다.

아이들과 이 마술을 할 때, "우아, 신기하다!"로 끝내지 말고 이런 질문을 던져보세요.

"왜 7, 11, 13으로 나누면 원래 수가 나올까?"

"1001이랑 이 마술이 무슨 관련이 있을까?"

그러면서 7×11×13 = 1001이라는 사실을 살짝 힌트로 주고, 수를 두 번 쓴 게 1001을 곱한 것과 같다는 걸 함께 생각해보는 거예요. 이렇게 분석하며 이유를 찾아가는 과정이 아이들의 호기심을 키우고, 수학적 사고를 쑥쑥 자라게 해줄 거예요.

분석하기 연습 ③ 스도쿠 Sudoku

전체 상황을 살펴보고 조건에 맞는 숫자를 골라 넣으며 논리적이고 분석적인 사고를 키우고 숫자 감각을 늘릴 수 있는 스도쿠sudoku를 소개해볼게요.

스도쿠는 굵은 선으로 구역이 나뉜 격자판에서 시작하는데, 몇몇 칸에는 이미 숫자가 채워져 있어요. 각 행(가로), 열(세로), 그리고 구역에 1부터 9까지 숫자가 하나씩만 들어가도록 배열하는 게 스도쿠 퍼즐입니다. 이미 채워진 몇 개의 숫자를 힌트로 삼아 나머지 빈칸을 채워 넣는 거죠.

예를 들어, 왼쪽에 제시된 스도쿠 문제는 1에서 3까지 숫자가 하나씩만 들어가도록 하는 간단한 버전인데 숫자 두 개가 흩어져 있어요. 이걸 오른쪽처럼 규칙에 맞게 완성하면 퍼즐 해결입니다!

가로세로 3칸인 3×3 격자에서 가볍게 시작했지만, 더 도전적인 4×4 스도쿠처럼 4칸 이상으로 확장할 수 있습니다. 직접 문제를 풀어보면서 재미를 더 깊이 느껴보죠. 각 행, 열, 그리고 굵은 선으로 나뉜 4개의 구역 안에 1부터 4까지 숫자를 하나씩만 배치해야 해요.

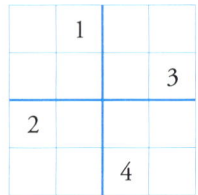

같이 빈칸을 채워볼까요? 먼저 왼쪽 위 구역에 숫자 2, 3, 4를 넣으려고 보니까 3이 있는 행에는 3을 넣을 수 없고, 2가 있는 열에는 2를 넣을 수 없네요. 그래서 빈칸을 다음과 같이 채우게 됩니다.

이렇게 채운 다음에는 빈칸이 하나만 남은 행과 열을 채우세요. 각 행, 열, 구역 안에 같은 숫자가 단 한 번만 올 수 있다는 규칙을 따르면 다음과 같이 행과 열, 작은 4칸의 구역들에 1에서부터 4까지의 수가 딱 하나씩 들어가는 스도쿠를 완성할 수 있습니다.

3	1	2	4
4	2	1	3
2	4	3	1
1	3	4	2

구역 모양이 정사각형이 아니라 다음과 같이 변형된 스도쿠도 있습니다. 조금 어려워 보이지만 그래서 더 도전할 만하네요!

가로세로 그리고 굵은 선으로 나눠진 5개의 블록안에 1~5의 숫자가 각각 하나씩만 들어가도록 빈칸에 알맞은 숫자를 채우세요.

	4	1	2	
4		2		
5			1	4
	1	5	4	
1	3		5	2

맨 아래 행에 있는 빈칸 하나에 4를 넣으면, 그 구역에 빠진 숫자 2를 넣을 수 있습니다.

이렇게 시작하면 행과 열, 구역에 있는 빈칸에 알맞은 숫자를 하나하나 채워 퍼즐을 완성할 수 있어요.

	4	1	2	
4		2		
5			1	4
2	1	5	4	
1	3	4	5	2

⇒

3	4	1	2	5
4	5	2	3	1
5	2	3	1	4
2	1	5	4	3
1	3	4	5	2

4×4 스도쿠와 5×5 변형 스도쿠를 푸는 과정, 재미있었나요? 아이들이 너무 익숙해져서 "이제 좀 쉬워!"라고 한다면, 더 도전적인 퍼즐로 넘어갈 때입니다.

가로세로 칸 수를 늘려 더 까다로운 퍼즐에 도전하게 해주세요. 머리 쓰는 재미도, 쑥쑥 크는 사고력도 배가 된답니다.

이번엔 6×6 스도쿠를 예로 들어볼게요. 아이와 함께 풀어보세요.

가로세로 6칸짜리 스도쿠를 풀어보세요! 각 행, 열, 그리고 굵은 선으로 나눈 6칸 구역에 1부터 6까지 숫자가 정확히 한 번씩만 들어가도록 배치해주세요.

5				3	
	1				
				1	
	2				
			2		
	4				5

먼저 1을 기준으로 생각해볼까요? 같은 행과 열에는 1이 있을 수 없으니까, 다음 그림과 같이 왼쪽 두 번째 구역에서 1이 들어가야 할 자리를 찾을 수 있습니다.

5				3	
	1				
				1	
1	2				
			2		
	4				5

같은 방법으로 1이 들어가야 하는 자리를 다음과 같이 채울 수 있어요.

5				3	1
		1			
				1	
1	2				
		1		2	
		4		1	5

이렇게 1을 모두 채운 후에 2~6까지 차근차근 채우면 다음과 같이 퍼즐을 완성할 수 있습니다.

5	6	2	4	3	1
4	3	1	5	2	6
3	5	4	6	1	2
1	2	6	3	5	4
6	1	5	2	4	3
2	4	3	1	6	5

성인들이 푹 빠져드는 9×9 스도쿠는 가로세로 9칸 격자에 1부터 9까지 숫자를 채우는 퍼즐로, 논리의 끝판왕 같은 재미를 선사하죠. 학생들도 처음엔 3×3 스도쿠부터 시작해서 4×4, 5×5, 이렇게 차근차근 단계를 밟아 9×9까지 도전하면 머리가 쑥쑥 자라는 기분을 느낄 거예요.

자, 이번엔 9×9 스도쿠 하나를 소개할게요. 각 행, 열, 그리고 3×3 구역에 1부터 9까지 숫자가 한 번씩만 들어가도록 빈칸을 채워보세요.

자, 도전 시작!

1	5		2		9			4
	4				6			
				4			6	3
	7					8		6
6								5
2		8				1		
4	6			8				
			6				7	
8			5		1		4	9

핵심을 찾아라

분석을 하면 문제를 깊이 이해할 수 있다고 했죠. 반대로 말하면, 어떤 문제를 더 잘 파악하고 싶다면 분석이 필수예요. 분석은 단순히 쪼개기만 하는 게 아니라, 쪼갠 부분들을 통해 전체의 흐름을 파악하고, 그 안에서 핵심을 찾아내는 과정이에요. 핵심을 잡으면 문제 해결의 실마리가 툭 튀어나오죠.

자, 이런 관점에서 재미있는 문제 하나 풀어볼까요?

8을 8개 사용하여 더하기만으로 1000이 되도록 만드세요.

"8을 8개 쓴다"는 말은 재미있지만 좀 모호하죠? 예를 들어, 8을 4개 쓰면 88+8+8=104 또는 88+88=176처럼 쓸 수 있는데, 어떻게 조합하느냐에 따라 결과가 달라져요. 이번 문제는 8을 정확히 8개 사용해서 1000을 만드는 거예요. 이런 퍼즐을 풀려면 문제를 분석해서 핵심 단서를 찾아내는 게 중요하답니다.

8로 이루어진 몇 개의 수를 더해 1000이 되게 하려면 그 합의 일의 자리가 0이어야 하죠. 8을 몇 번 더했을 때 일의 자리가 0이 될까요? $8 \times 5 = 40$, 즉 8을 5번 더하면 일의 자리가 0이 돼요. 이건 중요한 단서예요. 우리가 찾아야 할 8로 이루어진 수들은 일의 자릿수가 8인 수 5개라는 거죠. 그런데 그냥 8을 5번 더한 값은 $8 \times 5 = 40$이니까 1000과 비교하면 너무 작죠. 1000에 가까운 큰 수를 만들려면 8을 묶어서 큰 숫자, 예를 들어 888 같은 걸 써야 할 것 같아요. 남은 8의 개수를 채우면서 1000에 딱 맞게 조합해보면 어떻게 될까요?

8을 3개 사용한 888과 2개 사용한 88, 여기에 남은 3개의 8을 더하면 됩니다.

$$888 + 88 + 8 + 8 + 8 = 1000$$

짜잔! 8을 정확히 8개 써서 1000을 만들었어요. 이 조합은 일의 자리 단서(8을 5번 더하면 40)와 큰 수(888)라는 두 가지 핵심을 잘 잡아서 나온 답이에요.

아이들과 이 문제를 풀 때는 "일의 자리가 0이 되려면 어떻게 해야 할까?" 같은 질문을 던지며 단서를 찾는 재미를 느껴보세요. 분석으로 핵심을 잡아내는 과정이 퍼즐을 푸는 진짜 묘미랍니다!

자, 이번엔 재미난 문제를 하나 더 풀어보며 분석이 가진 힘을 알아보죠. 문제를 해결하려면 핵심을 찾아내는 게 중요하죠. 함께 도전해봅시다.

> 철수와 영희가 가위바위보를 총 5번 했어요. 어떤 순서로 냈는지는 모르지만, 철수는 가위 1번, 바위 3번, 보 1번을 냈고, 영희는 가위 3번, 바위 2번, 보는 0번 냈어요. 비긴 경우는 없다고 해요. 철수와 영희는 각각 몇 번 이겼을까요?

이 문제, 얼핏 보면 "순서도 모르는데 이걸 어떻게 풀지?" 하며 머리가 어지러울 수 있어요. 하지만 걱정 마세요. 이런 복잡한 문제는 차근차근 분석하면 훨씬 쉬워진답니다.

먼저, 중요한 첫걸음은 문제를 잘 읽는 것이에요. 말이 길고 숫자가 많다고 겁먹을 필요 없어요. 학생들이 문장형 문제를 어려워하는 이유 중 하나가 바로 읽는 걸 대충 넘어가기 때문이죠. 그러니 천천히, 꼼꼼히 읽으며 정보를 정리하는 게 중요해요.

문제의 정보를 한눈에 파악하려면 표로 만드는 게 최고예요. 표는 복잡한 상황을 깔끔하게 정리해주는 멋진 수학 언어이자 생각 도구랍니다. 표를 그리면 전체 상황을 한 번에 보고, 핵심 단서를 찾기가 훨씬 쉬워져요. 자, 이 가위바위보 상황을 표로 만들어보면 이렇게 표현할 수 있어요.

	철수	영희
가위	1	3
바위	3	2
보	1	0
합계	5	5

표로 문제를 정리해보니 상황이 한눈에 들어오죠. 문제에서 비긴 경우가 없다는 정보가 아주 중요한 단서예요. 특히, 바위를 낸 횟수를 보면 철수는 3번, 영희는 2번, 총 3+2=5번이 나와요. 비긴 경우가 없다는 건 철수와 영희가 동시에 바위를 낸 적이 없다는 뜻이죠. 즉, 바위는 5번의 대결에서 항상 나왔지만, 둘 다 바위를 낸 경우는 없었다는 거예요. 이 상황을 다시 표로 나타내면 다음과 같아요.

철수	바위	바위	바위		
영희				바위	바위

이제 표를 좀 더 채워볼게요.

철수는 바위 3번을 뺀 나머지 2번(가위 1, 보 1), 영희는 바위 2번을 뺀 나머지 3번(가위 3, 보 0)에 해당하는 대결만 남았어요. 이 남은 대결들을 순서 상관없이 표에 무작위로 넣어도 괜찮아요. 그 이유는 우리가 궁금한 건 순서가 아니라 전체 5번 가위바위보에서 누가 몇 번 이겼는지니까요.

철수	바위	바위	바위	가위	보
영희	가위	가위	가위	바위	바위
승자	철수	철수	철수	영희	철수

자, 표를 채워놓고 승패를 따져보면, 철수가 낸 가위, 바위, 보와 영희가 낸 가위, 바위가 어떻게 맞붙었는지 확인할 수 있어요. 이렇게 정리해보면, 철수가 영희를 4승 1패로 이겼다는 걸 알 수 있죠. 표 덕분에 복잡했던 문제가 깔끔하게 풀렸어요. 분석과 표라는 도구로 핵심을 잡으니 승패가 한눈에 보이네요.

아이들과 문제를 풀 때 중요한 건 쉬운 것부터 차근차근, 단계별로 나아가는 거예요. 어려운 문제가 나오면 먼저 그 문제를 간단한 버전으로 만들어 질문해보는 거죠. 쉬운 문제를 어떤 아이디어로 풀었다면, 그 다음엔 같은 생각 도구를 쓰되 살짝 어려운 문제를 던져보는 거예요. 이렇게 하면 아이들이 개념을 확실히 이해하고, 생각 도구를 자연스럽게 익히게 되죠.

이제 한 단계 업그레이드된 문제를 소개할게요. 같은 아이디어를 활용하되, 대결 횟수와 숫자를 조금 더 복잡하게 만든 문제로 도전해봅시다.

철수와 영희가 가위바위보를 총 10번 했어요.
어떤 순서로 냈는지는 모르지만, 철수는 가위 6번, 바위 3번, 보 1번을 냈고, 영희는 가위 4번, 바위 2번, 보 4번을 냈어요. 비긴 경우는 없다고 해요. 철수와 영희는 각각 몇 번 이겼을까요?

자, 앞에서 썼던 표를 그리고 분석하는 방법을 떠올리며 이 문제를 풀어 보면 됩니다. 아이들과 함께 표를 그리면서 "어떤 단서가 눈에 띄지?" 하며 핵심을 찾아보세요. 조금 더 복잡해졌지만, 같은 논리로 접근하면 충분히 풀 수 있을 거예요.

앞의 문제에 대한 해결 방법을 제대로 이해했다면, 다음과 같은 표를 그려 답을 찾아낼 수 있을 거예요.

	철수	영희
가위	6	4
바위	3	2
보	1	4
합계	10	10

철수	가위	가위	가위	가위	가위	가위	바위	바위	바위	보
영희	바위	바위	보	보	보	보	가위	가위	가위	가위
승자	철수	영희	영희	철수	철수	철수	철수	철수	철수	영희

이 문제에서는 철수가 영희를 7승 3패로 이겼어요. 만약 부모님이나 선생님이 첫 번째 문제를 풀어줬는데, 아이가 두 번째 문제(10번 가위바위보)에 전혀 접근하지 못한다면, 그건 아이가 문제의 생각 도구나 핵심 아이디어를 아직 파악하지 못했다는 신호예요. 이럴 때 "왜 이렇게 못하니!" 하며 다그치기보다는, 차분히 한 발짝 물러서서 천천히 다시 시작하는 게 좋아요.

예를 들어, 첫 번째 문제(5번 가위바위보)를 다시 꺼내서 표를 그리며 "여기서 어떤 단서를 찾았었지?" 하고 함께 복습해본 뒤, 두 번째 문제로 넘어가면 아이가 훨씬 편하게 접근할 거예요. 이렇게 단계적으로, 아이의 속도에 맞춰 핵심 아이디어를 익히게 도와주면 어느새 스스로 풀어내는 모습을 볼 수 있답니다.

수학은 분석이다

작은 조각으로 나누어 생각하는 분석은 수학에서 가장 강력한 생각 도구예요. 특히 수학을 실생활이나 과학에 적용할 때 쓰이는 미분과 적분은 바로 이 분석의 힘을 기반으로 하죠. 자, 그 힘을 실감해보기 위해 원의 넓이를 구하는 과정을 예로 살펴보죠.

반지름이 r인 원의 둘레(d)는 $d=2\pi r$이에요. 이건 계산해서 나온 결과가 아니라, 수학자들이 발견한 멋진 사실을 바탕으로 한 설정이에요. 어떤 원이든, 그 둘레를 지름으로 나누면 항상 똑같은 비율이 나온다는 걸 알아낸 거죠. 그래서 이 비율을 π(파이)라고 이름 지었어요. 수식으로 쓰면 $\pi = \dfrac{d}{2r}$ 이고 $d = 2\pi r$이 되지요.

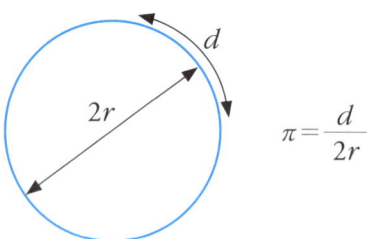

우리는 원의 넓이를 구할 수 있습니다. 원의 넓이(S)는 $S = \pi r^2$인데, 원의 넓이를 구하는 방법은 다음과 같은 그림으로 설명하곤 합니다.

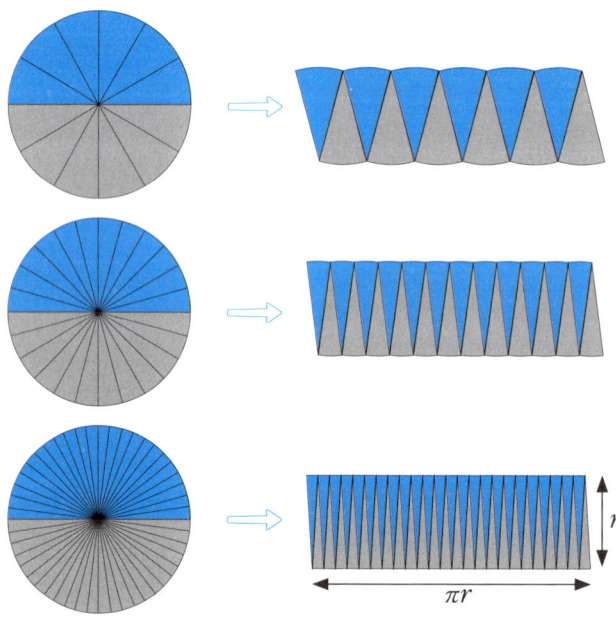

설명 없이 제시된 이 그림들을 하나하나 살펴보며 원의 넓이 구하는 공식을 이해하는 것도 분석적 사고를 키우는 좋은 연습이 될 것입니다. 원의 넓이를 생각하는 또 하나의 방법을 살펴보겠습니다. 먼저 반지름이 r인 원을 다음과 같이 양파처럼 생각해보는 겁니다.

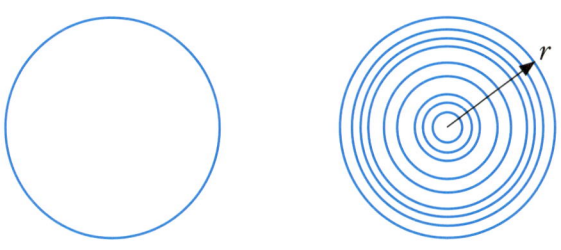

그리고 이것을 잘랐다고 생각해보세요. 양파를 반지름에 따라 잘랐다면 다음과 같은 조각이 나옵니다.

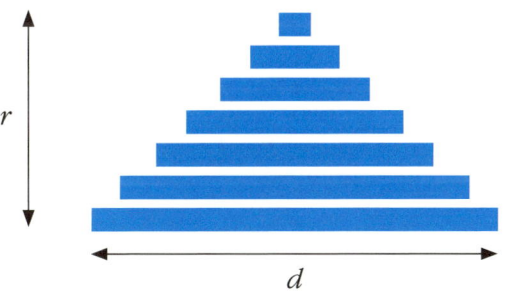

조각을 더 잘게 썰어서 붙였다고 생각하면 우리는 다음과 같은 넓이를 생각할 수 있습니다.

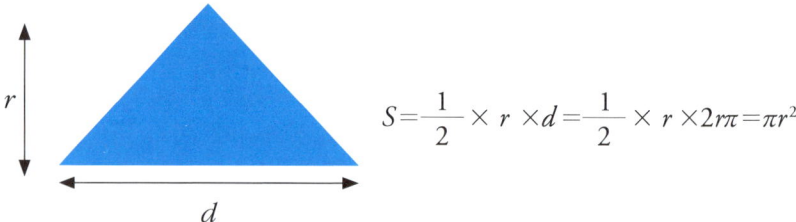

$$S = \frac{1}{2} \times r \times d = \frac{1}{2} \times r \times 2r\pi = \pi r^2$$

공부를 잘하려면 결과만 달달 외우는 게 아니라, 중간 과정을 이해하는 게 진짜 비결이에요. 생각을 키우는 것도 똑같죠. 어떤 결론을 그냥 받아들이기보다는 "어떻게 이렇게 됐지?" 하며 과정을 찬찬히 들여다보는 게 중요해요. 그런 점에서 분석은 정말 멋진 생각 도구예요. 문제를 작은 조각으로 나눠 논리와 관찰을 활용하면, 복잡한 문제도 술술 풀리는 핵심 열쇠가 되죠.

⑤ 수의 개념을 익히는 방법
{ 비교하기 }

비교하기

우리의 일상은 '비교'로 가득 차 있어요. 아침에 일어나 오늘 날씨를 검색하며 "어제보다 춥네, 따뜻하게 입어야겠어!" 하며 옷을 고르죠. 비나 눈 예보가 있으면 우산을, 바람이 세면 모자나 목도리를 챙겨요. 점심 메뉴를 고를 때도 맛집 평점을 비교하고, 동영상을 볼 때도 조회수나 '좋아요' 수를 따져봐요. 심지어 잠들기 전, 오늘 하루를 어제와 비교하며 반성하기도 하죠.

사실, 우리는 비교를 통해 세상을 이해해요. 예를 들어, 어린아이가 처음 개와 고양이를 만났다고 해볼게요. 개는 꼬리를 흔들며 "멍멍" 짖지만, 고양이는 "야옹" 하며 도도하게 걸어다니죠. 아이는 이런 차이를 비교하며 "개와 고양이는 다르다!"고 깨달아요. 새로운 걸 볼 때도 마찬가지예요. 사과가 동그랗고 빨갛다는 걸 아는 아이가 배를 처음 보면 "동그랗긴 한데 노란색이네!" 하며 사과와 비교해 배를 구별해요. 이렇게 비교는 사물을 이해하고 새로운 개념을 만들어가는 열쇠예요.

이번 장에서는 세상을 더 잘 이해하게 해주는 멋진 생각 도구, '비교'에 대해 알아보겠습니다.

비교가 수를 만들다

옛날 옛적, 사람들은 사물의 개수를 세기 위해 손가락, 돌멩이, 나뭇가지를 썼어요. 양을 키우던 목동은 양을 울타리에 넣으며 돌멩이를 하나씩 세어 "양이 다 들어왔나?" 확인했죠. 양은 다 들어왔는데 돌멩이가 남았다면? 양을 잃어버린 거예요. 이렇게 양과 돌멩이를 비교하며 1, 2, 3… 같은 자연수 개념이 생겨났답니다.

사람들이 무리를 지어 살면서 더 큰 수를 다룰 필요가 생겼어요. "옆 부족이 우리보다 사람이 많을까, 적을까?" 비교하며 싸울지 말지 정해야 했죠. 상업이 발달하면서 단순히 "더 많다, 적다"를 넘어 정확한 수와 양을 비교해야 했고, 이를 기록하기 위해 로마 숫자, 이집트 숫자, 바빌로니아 숫자 같은 다양한 기수법이 생겨났어요.

더 정밀한 비교가 필요해지면서 수는 점점 더 복잡해졌어요. 처음엔 자연수(1, 2, 3…)로 개수를 비교했지만, 상업이 커지며 길이와 무게를 비교하려니 분수나 소수 같은 1보다 작은 수가 필요해졌죠. 시간이 지나 마차에서 증기 기차, 자동차, 비행기로 넘어오며 속도를 비교하게 됐고, 많은 데이터를 기록하면서 변화량을 비교하다 보니 미분과 적분 같은 개념도 등장했습니다. 그러니까, 비교가 수를 만들어냈고, 더 정확히 비교하려는 노력 덕에 수학이 쑥쑥 발전해온 거죠.

비교하려면 기준이 필요하다

우리는 매일 비교를 하며 살아가요. 한 달 전 아이의 키와 오늘 잰 키를 비교해 "얼마나 컸지?" 알아보고, 아빠가 끓인 라면보다 엄마의 라면이 덜 짜다고 느끼죠. 이런 비교를 하려면 반드시 기준이 필요해요.

예를 들어, 키를 잴 때 "더 크다"거나 "더 작다"고 하려면 기준이 되는 단위가 있어야 해요. 초등학교에서 배우는 1cm나 1m 같은 길이 단위가 바로 그 기준이죠. "이 막대가 길어!"라고만 하면 감이 안 오지만, "이 막대는 30cm, 저 막대는 50cm야"라고 하면 정확히 비교할 수 있어요. 넓이, 부피, 무게, 시간도 마찬가지로 각자의 기준 단위가 필요합니다.

기준이 없으면 사람마다 다르게 느끼고, 정확한 비교가 어려워요. 그래서 수학에서는 길이, 넓이, 무게, 시간뿐 아니라 다양한 개념에 기준을 정해 비교하는 법을 배워요. 우리가 일상에서 쓰는 모든 단위는 더 정확하게 비교하기 위해 만들어졌답니다.

학교와 일상에서 배우는 비교

수학에서 비교와 관련 없는 부분은 거의 없지만, 특히 측정 영역이 비교와 직결돼요. 저학년에서는 길이, 시간, 부피, 무게 같은 일상 단위를 배우며 비교 활동을 시작하죠. 고학년에서는 도형과 연결해 더 정밀한 비교로 나아가요. 예를 들면, 3, 4학년에서 평면도형의 특징을 배운 후에 5학년에서는 평면도형의 둘레와 넓이에 대해 배워요. 이렇게 평면도형에 대해 배운 후에 직육면체의 정의를 익히고, 6학년에서 직육면체의 겉넓이와 부피를 배우지요.

그런데 교과서 속 비교 활동은 단위 계산이나 변환 연습에 그칠 때가 많아요. 하지만 진짜 길이, 넓이, 무게 감각을 키우려면 집에서 직접 재보고 비교해봐야 해요. 550ml 물을 재보며 라면 끓일 때 필요한 물의 양이 어느 정도인지 가늠할 수 있고, 작은 우유팩 10개 분량인 2L가 $2000 cm^3$라는 걸 알아두면 실생활에서 훨씬 유용하죠. 측정은 종이 위 숫자 놀음이 아니라, 언제 어디서나 살아 숨 쉬는 수학이어야 해요.

자, 집에서 아이와 함께 무언가를 재며 비교해보는 재미난 활동을 시작해볼까요? 다음은 생활 속에서 측정 활동을 경험할 기회를 주는 놀이에 관한 몇 가지 아이디어입니다.

비교로 수학을 재미있게! 일상 속 활동

비교는 수학을 실생활과 연결해주는 멋진 도구예요.

집에서 아이들과 함께할 수 있는 재미난 활동들로 비교 감각과 수학적 사고력을 키워볼까요?

1. 단위 찾기 놀이

집 안 물건에서 단위를 찾아보세요.

덤벨이나 두루마리 화장지엔 무게kg나 길이cm 단위가, 우유나 세제 통엔 부피ml, L 단위가 적혀 있어요. 아이들과 보물찾기 하듯 단위를 찾아보며 "이건 어떤 단위지?" 이야기 나누면 단위 개념이 머릿속에 쏙쏙 들어갈 겁니다.

2. 키와 몸무게 재기

키와 몸무게를 재보는 건 성장기 아이들에게 길이cm, m와 무게g, kg를 배우는 최고의 기회예요. 단위 변환도 연습하고, 친구들과 비교하며 "누가 더 클까?" 하며 '크다, 작다, 같다'를 익혀요. 기록한 데이터를 그래프로 그리면 시간에 따라 얼마나 컸는지 눈으로 확인할 수 있어 신기함까지 더해진답니다.

3. 주방 도구 알아보기

주방에서 계량컵으로 부피를 재보세요. 숟가락 한 술, 컵 한 잔, 밥 한 공기의 부피ml를 재보면 아이들의 호기심이 쑥쑥 자랍니다. 물을 담아 1ml와 1L의 차이를 눈으로 비교하며 부피 단위의 관계도 자연스럽게 익힐 수 있어요.

4. 물건 값 비교하기

마트에서 아이와 가격 비교 놀이를 해보세요. 예를 들어, 큰 우유와 작은 우유 중 뭐가 더 나을까? 각 우유의 가격을 용량L으로 나눠 단위당 가격을 비교합니다. 어떤 게 더 합리적인지 고민하며 논리적 사고도 쑥쑥 자란답니다.

이런 활동들로 아이들은 수학이 책 속 숫자 놀이가 아니라, 일상에서 살아 숨 쉬는 도구임을 느낄 거예요.

수를 이용해 비교하는 연습 ① 번호 붙이기

수를 이용해 비교하는 가장 간단하면서도 강력한 방법 중 하나는 '번호 붙이기'예요. 운동 선수들이 모두 같은 유니폼을 입고 있어도 등번호가 다르면 누가 더 잘했는지 한눈에 알아볼 수 있죠. 번호를 붙이면 복잡한 상황이 깔끔하게 정리된답니다. 이걸 느껴볼 수 있는 재미있는 문제를 소개합니다.

가짜 금화 찾기

같은 모양의 9개 금화 중 하나만 무게가 더 무겁습니다. 양팔저울을 최소한으로 사용해 무거운 금화를 찾아보세요. 어떻게 하면 될까요?

이 문제는 양팔저울을 딱 2번만 사용해서 풀 수 있어요. 번호를 붙여서 생각하면 훨씬 명쾌해진답니다.

우선, 번호 없이 풀어봅시다. 먼저, 9개의 금화를 3개씩 세 묶음으로 나눠요.

◇ 양팔저울에 두 묶음(3개씩)을 올려 비교해요. (1회 측정)
- 한 묶음이 무거우면 그 3개 중 하나가 답이에요. 그 3개 중 2개를 저울에 올려 비교하면(2회 측정) 무거운 금화가 나오거나, 같으면 올리지 않은 금화가 답이에요.
- 두 묶음의 무게가 같으면, 올리지 않은 묶음에 무거운 금화가 있어요. 그 3개 중 2개를 비교해(2회 측정) 무거운 금화가 나오거나, 같으면 올리지 않은 금화가 답이에요.

이번에는 같은 문제를 금화에 1부터 9까지 번호를 붙여 풀어보세요.

◇ 양팔저울의 한쪽에 금화 1, 2, 3을 다른 한쪽에 4, 5, 6을 올려 비교해

요. (1회 측정)

- 1, 2, 3이 무거우면 무거운 금화는 그중에 있으니까 금화 1과 2를 비교해요(2회 측정). 무거운 쪽이 답이거나, 같으면 3이 답이에요.
- 무게가 같으면 무거운 금화는 7, 8, 9 중에 있어요. 금화 7과 8을 비교해요(2회 측정). 무거운 쪽이 답이거나, 같으면 9가 답이에요.

번호를 붙이니 과정이 훨씬 명확해졌죠? 번호가 없으면 "어… 어느 묶음이었지?" 헷갈릴 수 있지만, 1, 2, 3처럼 명확히 구분하면 생각이 술술 풀려요. 번호를 붙이다 보면 놓쳤던 단서도 발견할 수 있답니다.

번호 붙이기는 단순하지만 문제 해결의 강력한 도구예요. 앞의 가짜 금화 찾기와 비슷한 문제를 통해 번호가 어떻게 복잡한 상황을 깔끔하게 정리해주는지 더 알아보죠.

💡 **문제 1** 12개의 금화 중 하나가 가짜예요. 가짜 금화는 진짜와 무게가 다르지만, 무거운지 가벼운지 모릅니다. 양팔저울을 3번 사용해 다음 측정 결과를 바탕으로 가짜 금화를 찾아주세요. 가짜 금화는 진짜 금화보다 무거울까요, 가벼울까요?

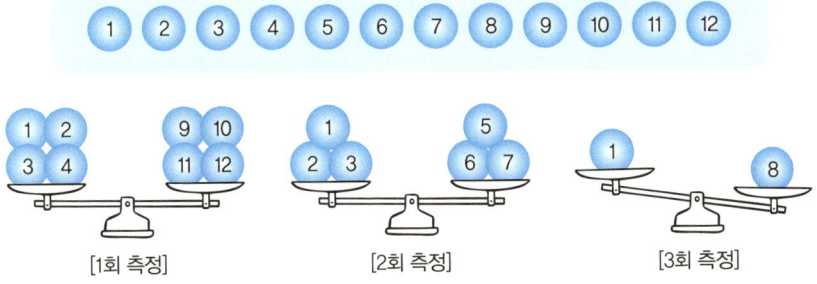

[1회 측정]에서 1번에서 4번까지의 한 묶음과 9번에서 12번까지의 한 묶음을 비교해봤더니 양쪽 무게가 같았습니다. 그렇다면, 1번에서 4번까지와 9번에서 12번까지는 모두 진짜 금화이고, 가짜 금화는 5, 6, 7, 8번 중 하나일 것입니다.

[2회 측정]에서 5번에서 7번까지를 진짜 금화 1번에서 3번까지와 비교했더니, 양쪽 무게가 같았습니다. 그렇다면, 5번에서 7번까지는 진짜 금화입니다. 무게를 측정하지 않은 8번이 가짜 금화라는 것을 알 수 있습니다. 그런데 아직 가짜 금화가 진짜 금화보다 무거운지 아닌지 모르니까 한 번 더 무게를 재어봐야 합니다.

[3회 측정]에서 1번과 8번을 재었는데, 8번이 더 무겁습니다. 즉, 가짜 금화는 진짜 금화보다 무겁습니다.

이 문제는 두 번의 측정에서 양쪽 무게가 같아서 가짜 금화를 찾기가 쉬웠습니다. 조금 더 어려운 문제를 풀어볼까요?

💡 **문제 2** 이번에도 12개의 금화 중 하나가 가짜이고, 가짜 금화가 무거운지 가벼운지 모릅니다. 양팔 저울로 다음과 같이 세 번 무게를 재었다면, 어떤 금화가 가짜일까요? 가짜 금화는 진짜보다 가벼울까요, 무거울까요?

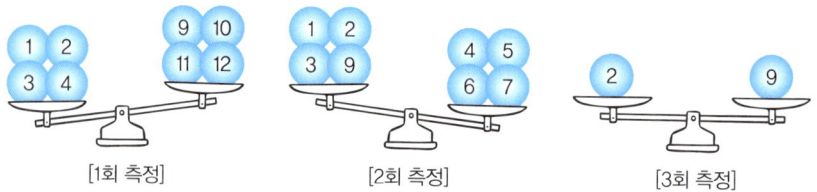

[1회 측정]   [2회 측정]   [3회 측정]

이번에는 [1회 측정]에서 양쪽 무게가 달라서 가짜 금화가 어느 쪽에 있는지 알 수 없습니다. 하지만 양팔 저울에 올라가지 않은 5번부터 8번까지는 진짜 금화라는 것을 알 수 있습니다. 다음 그림처럼 번호를 쓴 다음, 진짜 금화의 번호를 지워가면 가짜 금화로 의심받는 번호가 남게 될 겁니다.

마찬가지로 [2회 측정]에서 양팔 저울에 올라가지 않은 번호는 진짜 금화이니까 또 번호를 지우면 다음과 같습니다.

이제 [3회 측정]에서 무게가 같은 2번과 9번은 진짜 금화라는 것을 알 수 있습니다. 2번과 9번을 지우고 나면 가짜 금화로 의심되는 번호는 1번, 3번, 4번입니다.

그런데, [1회 측정]과 [2회 측정]에서 모두 4번이 들어간 쪽이 무겁다는 것을 알 수 있습니다. 그래서 4번이 가짜이고, 진짜보다 무거워요.

가짜 금화 찾기 문제는 금화 개수, 무게 정보, 저울 사용 횟수 제한 등으로 다양하게 변형될 수 있어요. 아이들과 함께 이런 문제를 더 풀어보며 번호 붙이기와 논리적 사고를 키워보세요.

만일 금화에 번호를 붙이지 않았다면 똑같이 생긴 금화들을 구분하기 어려웠을 거예요. 하지만 1, 2, 3… 번호를 붙이고 묶음으로 나눠 논리적으로 따지니 가짜 금화를 정확히 찾아낼 수 있어요. 번호 붙이기는 복잡한 정보를 깔끔하게 정리해주는 단순하지만 강력한 도구예요.

수를 이용해 비교하는 연습 ② 분수

서로 다른 것을 비교하면 그 특징이 더 또렷이 보여요.

다음 A, B, C 3개의 막대기를 한번 볼까요? A, B, C 3개의 막대기에 대해 첫 번째 그림에서 우리는 단지 A보다 B가 더 크고, B보다 C가 더 크다는 정보만을 얻을 수 있습니다. 그런데, 두 번째 그림처럼 길이를 재어 수로 나타내면 우리가 얻는 정보는 훨씬 풍성해져요.

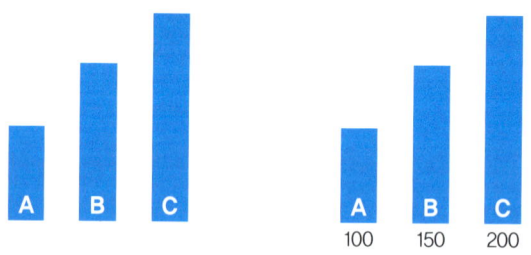

가장 길이가 짧은 것은 A, 가장 긴 것은 C인데, 세 막대의 길이 차이는 모두 50으로 일정하다는 것까지 알 수 있어요. 기준을 정해서 비교할 수도 있겠네요. A를 기준으로 삼으면 "C는 A의 2배이다"라고 이야기할 수 있고, 반대로 C를 기준으로 삼으면 "A는 C의 절반(1/2)이다"라고 말할 수 있죠. 같은 상황이지만 어느 것이 기준인지에 따라 표현이 달라집니다.

또한 "A를 3개 합한 길이는 B를 2개 합한 길이와 같다"는 것도 알 수 있어요.

수학 교과서도 점차 정밀한 비교를 배우는 이런 방식으로 구성되어 있어요. 초등학교 저학년에서는 주로 수의 크기를 비교하는 연습을 합니다. "철수의 키는 135cm, 영희는 142cm입니다. 누가 더 클까요?", "사과 한 개는 800원, 배 한 개는 1200원입니다. 어떤 과일이 더 비쌀까요?"와 같이 단순히 수를 비교하는 문제를 다루죠. 숫자를 보고 '더 크다', '더 작다', '같다'를 이해하는 것이 학습 목표인 시기입니다.

초등학교 3~4학년이 되면 전체에 대한 부분을 나타내는 표현으로 분수를 배우며 좀 더 복잡한 비교를 시작해요. 예를 들어 피자 한 판을 똑같은 크기의 8조각으로 나눈 것에서 3조각을 먹었다면, $\frac{3}{8}$ 조각을 먹었다고 이야기하는 거죠.

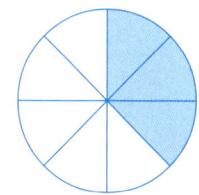

$$\frac{3}{8} = \frac{부분}{전체} = \frac{분자}{분모}$$

(전체를 똑같이 8조각으로 나눈 것 중의 3조각)

직접 도형을 나누어보고 그 일부를 분수로 표현하는 활동은 '전체를 똑같이 나눈 부분으로서의 분수' 개념을 배우는 데 매우 효과적이에요. 다음과 같은 문제가 그 예입니다.

문제 3 다음의 두 정사각형은 크기가 같습니다. 두 정사각형 중 어느 쪽의 색칠된 부분이 더 넓을까요? 각 정사각형의 색칠된 부분이 전체 정사각형의 얼마에 해당하는지 분수로 나타내어 비교해보세요.

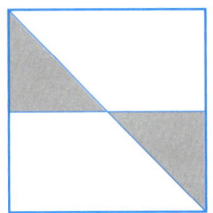
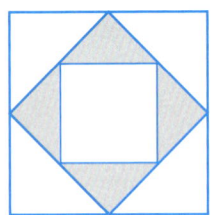

그냥 눈으로 보기만 해서는 생각보다 쉽지 않습니다. 직선 몇 개를 그어 정사각형을 똑같은 삼각형으로 나누어봅시다. 주어진 정사각형을 다음 그림과 같이 대각선과 세로로 나누면 똑같은 크기의 삼각형으로 나누어집니다. 왼쪽 정사각형은 8개, 오른쪽 정사각형은 16개의 삼각형으로 나눠지는 것을 알 수 있습니다.

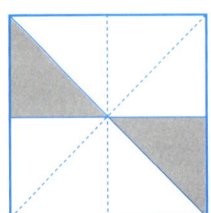
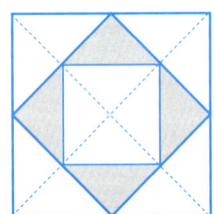

따라서 왼쪽의 색칠된 부분은 $\frac{2}{8}$ 이고, 오른쪽은 $\frac{4}{16}$ 입니다. $\frac{2}{8} = \frac{4}{16} = \frac{1}{4}$ 이므로 두 정사각형의 색칠된 부분은 넓이가 같습니다.

이와 비슷한 문제 몇 개를 부록에 더 준비했습니다. '전체와 부분'이라는 분수 개념을 익히는 데 도움이 되니 아이와 함께 도전해보세요.

수를 이용해 비교하는 연습 ③ 비와 비율

　비는 두 수의 양을 기호 ':'을 사용하여 비교하는 방법이에요. 축구 경기나 야구 경기에서 경기 결과를 이야기할 때 "3 대 2(3:2)로 역전승을 했어!", "10 대 12(10:12)의 난타전이었어!"와 같이 비를 이용해서 팀이 얻은 점수를 나타내고 비교합니다. "피클을 만들 때, 식초와 설탕은 1 대 2(1:2)로 넣어 섞으세요", "반죽을 만들 때, 물과 밀가루의 비는 2 대 3(2:3)이면 딱 좋아요"와 같이 요리 레시피를 이야기할 때도 비를 사용하죠. 또한 입시 관련 뉴스에서 30명이 1자리를 두고 경쟁하는 상황을 "△대학의 평균 경쟁률은 30 대 1(30:1)입니다"와 같이 사용하기도 하죠.

　그런데 운동 경기에서 각 팀의 득점을 비교하는 비와 요리 레시피나 경쟁률에서 사용하는 비는 살짝 달라요. 우리나라 대표팀이 3:1로 이겼다는 건 우리 대표팀이 얻은 점수가 3점이고, 상대팀의 점수가 1점이라는 말이죠. 단순히 두 팀의 점수를 나란히 비교하는 거예요.

　하지만 식초와 설탕을 1:2로 넣으라는 얘기는 달라요. 정확하게 식초와 설탕을 얼마만큼 넣으라고 나와 있지 않지만, 1인분 요리에 식초 한 숟가락을 넣으면 설탕은 두 숟가락을 넣으라는 식으로 식초 1에 설탕 2로 유지하라는 거죠. 만일 3인분을 만든다면 식초와 설탕을 얼마나 넣어야 할까요? 각각을 3배해서 식초 세 숟가락, 설탕 여섯 숟가락이 들어갑니다. 그렇다면 설탕을 1000g 넣는다면, 식초는 얼마를 넣어야 할까요? 500g이 필요합니다. 이 모든 경우에 식초의 양이 1이라면 설탕의 양은 2입니다. 즉, 설탕의 양은 식초의 2배입니다.

$$
\begin{aligned}
식초 : 설탕 &= 1순가락 : 2순가락 \\
&= 3순가락 : 6순가락 \\
&= 500g : 1000g \\
&= 1/2컵 : 1컵 \\
&= 1 : 2
\end{aligned}
$$

요리 레시피에 쓰이는 비는 두 양을 곱셈으로 비교하는 방법이에요. 한쪽 양을 1이라고 할 때, 다른 쪽이 몇 배인지 알려주죠. 예를 들어, 식초가 1일 때 설탕이 2라는 뜻은 설탕이 1일 때는 식초는 절반인 $\frac{1}{2}$이라는 것과 같아요. 비교하는 두 양 중 어느 하나가 1일 때는 이해하기 쉬운데, 2:3과 같은 비는 "한쪽이 다른 쪽의 몇 배지?"라고 헷갈릴 수 있어요. 그럴 때는 고민하지 말고 다음과 같이 적당한 수를 곱하거나 나눠서 한쪽을 1로 만들면 됩니다. 단, 두 양을 모두 같은 수로 곱하거나 나눠야 합니다.

$$
\begin{aligned}
2 : 3 &= 2 \times \frac{1}{2} : 3 \times \frac{1}{2} = 2 \div 2 : 3 \div 2 = 1 : \frac{3}{2} \\
&= 2 \times \frac{1}{3} : 3 \times \frac{1}{3} = 2 \div 3 : 3 \div 3 = \frac{2}{3} : 1
\end{aligned}
$$

즉, 물과 밀가루의 비가 2:3이라는 뜻은 물이 1컵이면 밀가루는 1컵 반 ($1\frac{1}{2} = \frac{3}{2}$)을 준비하라는 거예요. 반대로 밀가루가 1컵이라면 물은 $\frac{2}{3}$컵만 있으면 된다는 뜻이죠.

두 수의 비는 기호 ':'을 사용하지 않고 분수로 나타낼 수 있습니다. ':' 뒤에 오는 수를 1로 만들었을 때, 앞에 있는 수를 '비율'이라고 합니다.

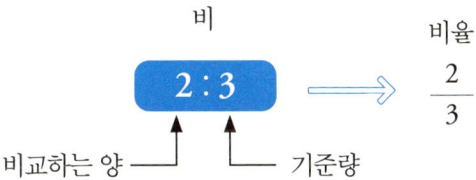

분수, 비와 비율에 대한 알아봤으니 이제 간단한 문제 하나 더 풀어보겠습니다.

문제 4 가영이와 나영이가 가진 사탕의 개수를 비로 나타내보니 7:3이었습니다. 가영이가 나영이에게 사탕 3개를 주었더니 5:3이 되었습니다. 두 사람이 처음에 가졌던 사탕 개수는 각각 몇 개일까요?

전체 사탕 개수를 모르는데 어떻게 문제를 풀 수 있냐고요? 몰라도 풀 수 있어요. 분수, 비와 비율을 잘 이용하면 충분히 풀 수 있답니다. 문제에서 확실하게 알 수 있는 사실 하나가 있어요. 가영이가 처음 가지고 있던 사탕의 개수에서 나중에 가지게 된 사탕의 개수를 빼면 3이라는 거죠.

(가영이의 처음 사탕 개수) − (가영이의 나중 사탕 개수) = 3

가영이의 처음과 나중 사탕 개수를 알면 답을 구할 수 있어요. 처음 사탕 개수는 처음의 비 7:3으로부터 알아낼 수 있습니다. 비에 나온 두 수에 똑같은 수를 곱하거나 나눠도 비는 여전히 똑같다는 성질을 이용해봅시다. 비에 나온 두 수를 더한 10으로 두 수를 나눠봅시다.

$$7:3 = \frac{7}{(7+3)} : \frac{3}{(7+3)} = \frac{7}{10} : \frac{3}{10}$$

전체 사탕의 개수를 1이라고 했을 때, 가영이의 처음 사탕 개수는 $\frac{7}{10}$ 입니다.

가영이의 나중 사탕 개수도 마찬가지 방법으로 구해볼까요? 나중의 비 5:3에서 두 수를 더한 8로 두 수를 나누면 다음과 같아요.

$$5:3 = \frac{5}{(5+3)} : \frac{3}{(5+3)} = \frac{5}{8} : \frac{3}{8}$$

전체 사탕의 개수를 1이라고 했을 때, 가영이의 나중 사탕 개수는 $\frac{5}{8}$ 입니다. 이제 가영이의 처음 사탕 개수에서 나중 사탕 개수를 빼면 다음과 같이 계산할 수 있어요.

$$\frac{7}{10} - \frac{5}{8} = \frac{28}{40} - \frac{25}{40} = \frac{3}{40}$$

계산 결과 나온 $\frac{3}{40}$ 은 전체 사탕이 1이라고 했을 때의 값입니다. 처음 사탕 개수에서 나중 개수를 뺀 것은 3이므로 전체 사탕 개수는 40개라는 걸 알 수 있습니다. 가영이의 처음 사탕 개수가 전체의 $\frac{7}{10}$ 이니까 40×

$\frac{7}{10}$=28개를 가졌던 거예요. 나영이는 나머지 12개를 가졌고요.

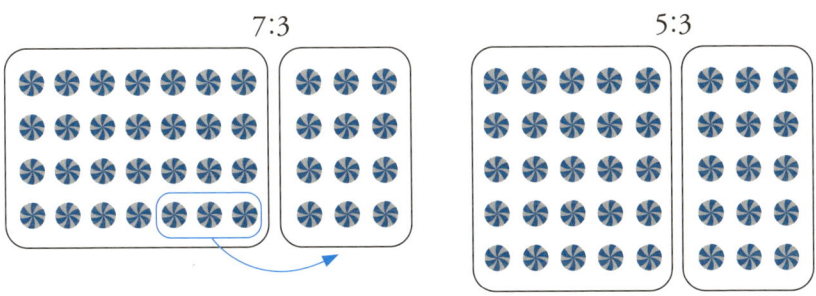

비와 비율에 대한 개념을 익힐 수 있게 해주는 문제 몇 개를 부록에 준비했습니다. 아이와 함께 풀어보세요.

비와 비율은 실생활에서 문제를 해결하는 데 정말 유용한 도구예요. 단순한 숫자 비교를 넘어, 일상 곳곳에서 빛을 발하죠. 예를 들어, 지도에서 쓰는 비율은 '축척'이라고 하는데, 이 비율을 이용해서 지도 상의 거리가 실제로 얼마나 되는지 계산해요. 1:100000의 축척을 사용하는 지도에서 1cm는 실제로는 1km예요. 비와 비율에 대해 잘 알면 마트에서 물건을 살 때, 현명한 소비를 할 수 있어요. 진한 맛이 나는 오렌지 주스를 사고 싶다면 여러 오렌지 주스 가운데 원액 농도가 높은 것을 고르면 돼요.

10000원짜리 과자가 20% 할인되면 8000원이라는 것도 금방 계산할 수 있답니다. 1+1 상품과 30% 할인 상품 중 어느 쪽을 선택할 것인지 결정할 때도 도움이 되죠. 또한 수익률을 계산하여 투자 성과 등을 평가할 수도 있습니다. 이처럼 비와 비율은 복잡한 상황을 간단히 정리해 답을 찾아줍니다.

나만의 기준 만들기

효과적인 비교를 위해선 적절한 기준이 필수예요. 기준은 객관적일 수도, 주관적일 수도 있죠. 전 세계가 쓰는 미터법은 객관적인 기준이지만, '맛있는 음식'은 사람마다 다를 수 있어요. 수학과 데이터를 잘 다루면 수로 표현된 명확한 기준을 만들어 정확히 비교할 수 있답니다.

2011년 개봉한 영화 〈머니볼〉은 비교와 데이터 분석의 힘을 잘 보여줘요. 가난한 야구팀 오클랜드 애슬레틱스의 단장 빌리 빈은 돈이 없어 스타 선수를 영입할 수 없었죠. 기존 방식(타율, 홈런, 타격 폼) 대신, 그는 출루율과 장타율이라는 새로운 기준을 세웠어요. 통계 전문가를 데려와 데이터를 분석하며 저렴한 연봉의 숨은 인재를 발굴했고, 결국 2002년 20연승이라는 기적을 만들었죠. 이 방식은 보스턴 레드삭스(2004년 월드시리즈 우승) 등 다른 팀에도 영향을 줬고, 이제는 다양한 스포츠에서 데이터 기반 전략이 대세가 됐어요.

〈머니볼〉은 데이터 분석과 새로운 기준의 중요성을 보여줘요. 인공지능과 데이터 비교가 중요한 요즘, 수학을 잘 이해하고 남들의 기준에 얽매이지 않는 시각을 갖는다면 큰 힘이 될 거예요. 아이들에게 다양한 경험으로 세상을 보는 새로운 눈을 열어주고, 자유롭게 생각하며 도전하도록 응원해주세요.

이번 장에서 "수는 비교를 위해 생겼다", "일상은 비교로 가득하다"고 했죠. 그런데 비교는 양날의 검이에요. 잘못된 비교는 행복을 빼앗을 수 있어요. 수학은 비교할 수 있는 것과 비교할 수 없는 것을 명확히 구분해줘요. 예를 들어, 이런 질문들은 어때요?

- 빨간색과 파란색, 뭐가 더 무거울까?
- 3과 7, 어떤 숫자가 더 길까?
- 원과 삼각형, 뭐가 더 재미있나?
- 축구와 야구, 뭐가 더 밝을까?

정말 터무니없죠! 비교할 수 없는 것을 비교하면 엉뚱한 생각에 빠질 뿐이에요. 비교는 문제를 해결하는 수단일 뿐, 목적이 아니에요. 특히 소중한 인생을 비교하는 건 어리석은 일이죠. 아이들에게 비교의 현명한 사용을 가르쳐주세요. 부모님과 선생님도 비교를 현명하게 쓰셔서, 삶의 기쁨을 더 키워 가시길 바랍니다.

⑥ 아이의 사고를 확장하는 힘

{ 연결하기 }

연결하기

퀴즈 하나를 풀어볼까요? 다음 '?'에 해당하는 수는 무엇일까요?

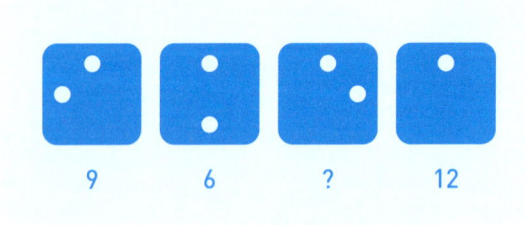

이 문제의 정답은 3이에요. 각 네모 안에 있는 두 점이 9시, 6시, 3시 그리고 12시를 가리키는 긴 바늘과 짧은 바늘을 나타낸다고 생각하면 금방 답을 찾을 수 있어요. 이런 문제를 풀 때, 우리는 주사위처럼 생긴 문제의 그림을 이미 알고 있는 시계와 연결시켜 생각하여 답을 얻죠. 이렇게 서로 다른 것을 연결하는 게 바로 지적 활동의 핵심이에요. 인공지능(AI)도 빅 데이터 속 지식을 빠르게 연결해 똑똑한 답을 내놓죠. 연결은 공부, 연구, 창조의 가장 중요한 생각 기술이에요. 이번 장에서는 연결을 통해 생각을 어떻게 펼쳐 나가는지 살펴보겠습니다.

공부 기술

공부하다 보면 외우고 기억해야 할 것들이 많습니다. 더 잘 외우고 오래 기억하기 위해 자주 쓰이는 공부 기술 중에는 '연결'이 있습니다. 서로 다른 지식을 연결하면 이해도 쉽고 기억도 오래갑니다. 예를 들어볼까요? 이번에도 질문을 하나 해보겠습니다.

"오천 원권 지폐의 등장인물은 누구일까요?"

5천 원 지폐의 등장인물은 퇴계 이황 아니면 율곡 이이, 둘 중 한 분입니다. 여기까지는 누구나 생각하지요. 그런데 가끔 둘 중 누가 1천 원 지폐의 등장인물이고 누가 5천 원 지폐의 등장인물인지 헷갈립니다. 이럴 때에 확실하게 기억하는 방법이 있습니다. 5천 원 지폐의 등장인물을 생각할 때에는 5만 원 지폐의 등장인물을 떠올리면 헷갈리지 않습니다. 이런 식으로 연결하면 절대 안 잊어버립니다. "5만 원 지폐의 등장인물은 신사임당, 아들 율곡 이이는 5천 원 지폐 등장인물. 어머니 신사임당은 5만 원, 아들 이이는 5천 원, 그분들은 오(5)죽헌에 사셨음."

공부는 새로운 지식을 배우는 과정이죠. 때론 아는 걸 오래 기억하는 것도 중요해요. 새로운 걸 배울 때 최고의 방법은 이미 아는 것과 연결시키는 거예요! 이런 연결 고리를 만들면 이해가 쏙 되고 기억도 오래가죠.

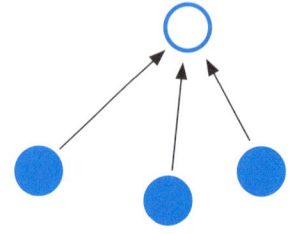

기존에 알고 있는 것과 새로운 것을 연결시켜 이해하고 기억한다

연결 고리가 많아질수록 더 깊이 이해하고 더 오래 기억해요. 공부를 열심히 해도 성적이 안 오르는 학생들을 보면, 모르는 걸 그냥 받아들이는

경우가 많아요. 하지만 모르는 상태로 외우면 이해도 안 되고 금방 잊어버리죠.

중고등학교 시절, 세계사는 제게 정말 어려운 과목이었어요. 특히 역사적 사건의 발생 연도를 외워야 풀 수 있는 문제가 제일 힘들었죠. 예를 들어, "미국 독립전쟁과 프랑스 대혁명 중 뭐가 먼저였을까?" 같은 문제였어요. 미국 독립전쟁은 1775년에 시작해 1783년까지, 프랑스 대혁명은 1789년에 일어났죠. 저는 연도를 그냥 통째로 외웠는데, 무작정 외우니 매번 헷갈렸어요. "미국이 먼저였나?" 하면서도 확신이 서질 않더라고요. 그러다 세계사 선생님이 이렇게 설명해주셨어요.

"미국이 영국과 독립전쟁을 벌이고 있을 때, 영국과 사이가 좋지 않았던 프랑스가 미국 독립전쟁을 지원했어요. 프랑스 병사 중에 미국에 가서 미국을 도와 싸우던 사람들이 '독립', '시민의식' 등에 대해 생각하게 되었고 그러면서 프랑스의 왕정에 대해 불만을 갖게 되었지요. 그런 시민들의 자각이 프랑스대혁명으로 이어졌던 겁니다. 미국의 독립전쟁이 프랑스대혁명에 영향을 줬던 거죠."

선생님께서 두 사건을 연결 지어 스토리텔링으로 설명해주신 뒤로는, 미국 독립전쟁과 프랑스 대혁명이 어떤 순서였는지 확실히 기억할 수 있었어요. 미국이 영국과 싸우는 동안 프랑스가 지원했고, 그 영향으로 프랑스 병사들이 독립과 시민의식을 깨달아 대혁명으로 이어졌다는 이야기를 들으니 연도가 저절로 머리에 남았죠. 단편적으로 외우는 것보다 관계를 파악하고 연결시키면 이해도 쉽고 기억도 오래갑니다.

우등생의 공부 비결은 바로 연결 지어 생각하기입니다. 선생님이 만들어준 연결을 듣는 것도 큰 도움이 되지만, 직접 나만의 연결을 만들어보면 효과가 훨씬 더 크죠. 예를 들어, 다음과 같은 방법으로 원주율을 외워볼까요?

$$\pi = 3.141592 \cdots\cdots$$

원주율을 이야기할 때 3.14까지는 모두 알고 있으니까 1592만 일단 덧붙이는 것이 좋습니다. 1592에 대해서는 임진왜란이 일어난 해라는 사실을 기억할 필요가 있습니다. 조선의 역사에서 1592년은 특별한 해인데, 바로 임진왜란이 일어난 해입니다. 이 사실은 이렇게 외우면 기억하기 쉽습니다.

"일오구이(이러구~) 있을 때가 아니야 임진왜란이 일어났어"

1592년 임진왜란을 기억하면, 1392년 조선건국을 쉽게 기억할 수 있습니다. 1592년과 1392년을 기억했다면 1492년도 생각할 수 있는데, 바로 콜럼버스가 아메리카대륙을 발견한 해입니다. 이렇게 자신만의 연결고리를 만들어보는 것도 오래 기억하는 방법입니다. 공부의 핵심은 연결 지어 생각하는 것입니다.

모르는 것을 아는 것과 연결 지어 생각하면 이해가 훨씬 쉬워져요! 이런 연결의 힘을 보여주는 사례를 하나 더 소개할게요. 어렸을 때 읽었던 일반인에게 물리를 쉽게 소개하는 책에 다음과 같은 문제가 있었습니다.

바다에서 수영을 하던 어떤 사람에게 문제가 생겼습니다. 수상 안전 요원이던 당신은 그 사람에게 다음 중 어떤 경로로 가야 가장 빨리 물에 빠진 사람을 구할 수 있을까요?

안전 요원이 물에 빠진 사람을 구하려면 직선 경로인 B가 가장 빠를 것 같죠? 하지만 조건을 보면, 땅에서 달리는 속도가 바다에서 헤엄치는 것보다 훨씬 빨라요. 그래서 경험이 많은 안전 요원은 더 많은 거리를 땅에서 달리고 물에서 헤엄치는 거리를 최소화하는 C 경로를 택해요. 그래서 정답은 C예요!

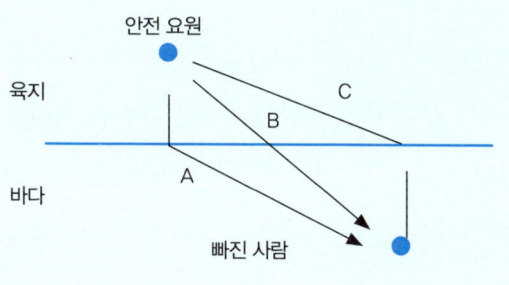

물리학 책이 이 질문을 낸 이유는 빛의 굴절을 설명하기 위해서예요. 물컵에 물체를 넣으면 굴절이 생기는데, 이는 공기와 물의 밀도가 달라 빛이 휘어지기 때문이죠. 빛은 물과 공기를 통과할 때, 안전 요원이 C 경로로 물에 빠진 사람을 구한 것처럼 최단경로를 택해 굴절돼요.

이처럼 어려운 현상을 쉬운 상황(안전 요원의 경로)과 연결해 설명하니 이해가 훨씬 쉬워져요. 눈에 보이지 않는 빛의 움직임을 눈에 보이는 구체적 사례로 추상적인 개념을 실감 나게 연결하는, 효과적인 생각 기술이에요.

연결의 또 한 가지 멋진 점은 더 많이 알수록 더 쉽게 연결된다는 거예요. 어떤 분야를 깊이 아는 사람은 새로운 내용을 접해도 그 분야를 잘 모르는 사람보다 훨씬 더 잘 이해하고 쉽게 기억하죠.

점을 몇 개 찍어서 연결시켜보세요. 예를 들어, 점 3개를 연결하면 선 3개가 생기지만, 점 4개면 선 6개, 점 5개면 선 10개로 연결이 기하급수적으로 늘어나요. 마찬가지로, 어떤 주제를 처음 배울 땐 이해도 어렵고 기억도 힘들지만, 점점 더 많이 알게 되면 새로운 내용이 추가돼도 쉽게 연결되고 이해가 빠르답니다. 그러니 처음엔 조금 힘들더라도 꾸준히 배우다 보면 어느새 쉽게 외우고 이해하게 됩니다.

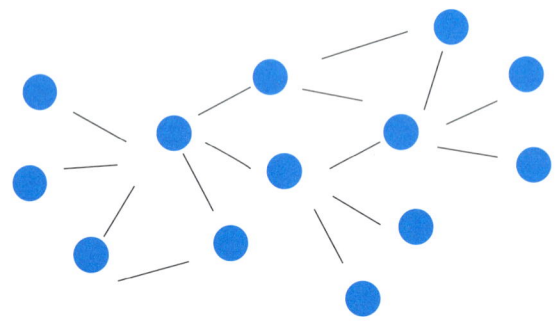

연결하는 연습 ① 수와 그림의 연결

수학도 연결을 통해 발전해왔어요. 이런 연결을 잘 이해하면 수학을 더 재미있게 즐기며 문제 해결력을 키울 수 있습니다. 고대 그리스의 수학자 피타고라스는 모든 자연 현상에서 '수'를 발견하고자 했어요. 그는 역시 '연결'을 이용해 여러 수학적 사실을 발견했어요. 수도 어떤 모양을 갖는다고 생각한 그는 수와 도형을 연결하여 수 자체의 성질과 수들 사이의 관계를 찾아내려 했죠. 예를 들어 1, 3, 6, 10, … 등은 다음과 같은 삼각형 모양을 갖는다고 생각했어요.

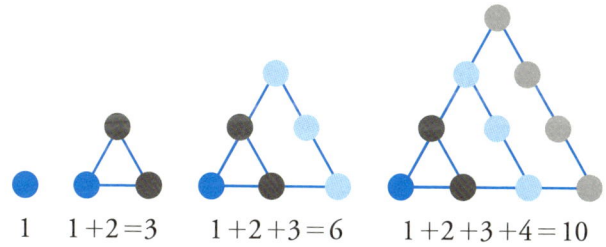

1   1+2=3   1+2+3=6   1+2+3+4=10

이렇게 삼각형을 만들 수 있는 수를 '삼각수'라고 이름 붙였는데, 1, 3, 6, 10, …으로 계속됩니다. 삼각수는 1, 2, 3, 4, …의 수를 차례로 더해 만들어지기 때문에 1부터 연속된 자연수의 합을 나타냅니다. 처음 몇 개의 삼각수는 실제로 작은 돌을 이용해 모양을 만들어 개수를 세어 쉽게 알 수 있어요. 그런데 100번째, 1000번째 삼각수는 얼마일까요?

100번째 삼각수를 구하기 전에 그림을 이용해서 다섯 번째 삼각수가 얼마인지 알아보죠. 다섯 번째 삼각수는 한 변에 다섯 개의 점이 있는 삼각형 모양이에요. 이 삼각형 모양 두 개로 아래 그림과 같이 사각형을 만들 수 있어요.

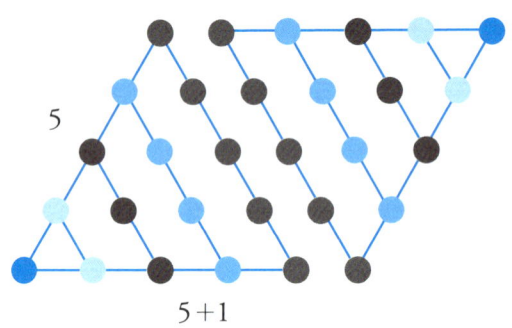

이 사각형의 가로에는 점 5개에 거꾸로 놓은 삼각형 모양에서 점 하나가 더해져 6개, 세로에는 점 5개가 있어서 점의 개수는 30(6×5=30)입니다.

삼각형 모양 두 개에 점 30개이니까 삼각형 모양 하나에는 점이 15개입니다. 즉, 다섯 번째 삼각수는 (5+1)×5÷2=15입니다. 같은 방식으로 생각해보면, 100번째 삼각수는 (100+1)×100÷2=5050이며 1000번째 삼각수는 (1000+1)×1000÷2=500500임을 알 수 있습니다.

삼각형 모양을 이루는 수 다음으로 사각형 모양을 이루는 수를 생각해볼 수 있습니다. 1, 4, 9, 16,… 등은 다음 그림과 같이 정사각형 모양을 이룹니다. 이렇게 정사각형 모양을 이루는 수를 사각수라고 합니다.

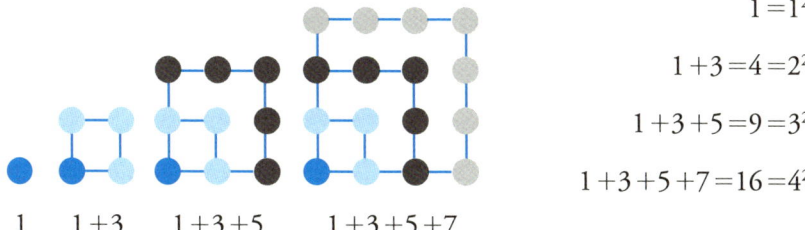

$$1 = 1^2$$
$$1+3 = 4 = 2^2$$
$$1+3+5 = 9 = 3^2$$
$$1+3+5+7 = 16 = 4^2$$

같은 수를 두 번 곱한 수를 제곱수라고 하는데, 사각수는 제곱수와 같습니다. 앞의 그림에서 같은 색깔 점의 개수를 살펴보면, 연속되는 홀수를 더한 값이 사각수가 된다는 것을 알 수 있습니다. 점의 색깔을 다르게 했기 때문에 홀수들의 합이 사각수가 된다는 것이 한눈에 들어옵니다. 이렇게 추상적인 수를 구체적인 도형과 연결 지었더니 그 성질과 관계가 명확하게 드러나는 것을 볼 수 있습니다.

디지털 시대에도 수학자들은 여전히 칠판에 분필로 아이디어를 적으며 연구하는 걸 좋아해요. 수학자들의 연구 과정을 담은 칠판 사진으로 만든 책을 보면, 복잡한 수식 사이사이에 그림들이 자리 잡고 있죠. 문제를 직관적으로 이해하거나 해결 아이디어를 표현한 그림들입니다.

문제를 풀 때 그림을 활용하면 상황을 한눈에 파악하기 쉬워요. 수식과 그림을 연결하면 수학적 개념이 더 직관적으로 이해되고, 복잡한 문제도 간단히 풀릴 때가 많습니다. 간단한 예로 다음 문제를 그림으로 풀어볼까요?

 **문제1** 붕어빵은 모두 몇 개?

다영이 아빠가 붕어빵을 사가지고 오셨습니다. 다영이가 처음에 있던 붕어빵의 $\frac{1}{3}$을 먹고, 동생이 남은 붕어빵의 $\frac{3}{4}$를 먹었더니 2개가 남았습니다. 아빠가 처음에 사온 붕어빵은 모두 몇 개일까요?

처음 사온 붕어빵 전체를 원으로 나타내볼까요?

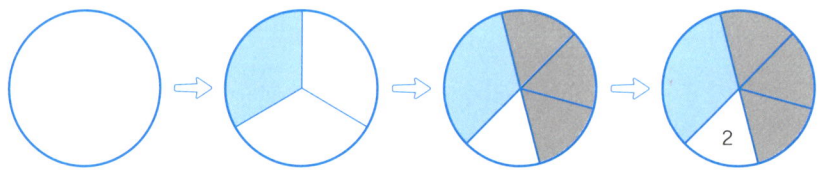

다영이가 $\frac{1}{3}$을 먹었기 때문에 남은 붕어빵은 $\frac{2}{3}$이에요. 두 번째 원에서 파란색으로 칠한 부분이 다영이가 먹은 붕어빵입니다. 이제 남은 붕어빵에서 동생이 먹은 $\frac{3}{4}$을 표시해보죠. 남은 붕어빵을 4개로 나누고 그중 3개를 칠하면 됩니다. 세 번째 원에서 짙은 회색으로 칠한 부분이 동생이 먹은 부분이에요. 이제 남은 붕어빵은 2개인데, 그림으로 보니 전체의 $\frac{1}{6}$이라는 게 한눈에 보이네요. 그러니까 아빠가 사온 붕어빵은 12개입니다.

전체를 원으로 그리고 문제의 조건에 맞춰 나눠 그렸더니 간단히 해결되었네요. 이와 같이 그림으로 간단하게 풀 수 있는 문제들을 준비해 부록에 담아 놓았습니다. 아이와 함께 그림으로 생각을 펼쳐 풀어보세요.

연결하는 연습 ② 개념의 연결 고리

수학적 사고에서 '연결'은 단순한 계산 능력을 넘어, 서로 다른 개념을 융합하여 문제를 해결하는 능력을 키워줍니다. 개념 간의 관계를 이해하면, 하나의 공식을 외우는 것이 아니라 전체적인 맥락 속에서 직관적으로 적용할 수 있죠. 그러니 수학 공부할 때 개념의 '연결 고리'를 찾는 습관을 기르는 것이 정말 중요해요. 이를 잘 보여주는 문제 하나를 소개하죠.

문제 2 파리가 움직인 거리는?

두 소년이 200m 떨어진 거리에서 자전거를 타고 서로를 향하여 달려갔습니다. 소년들이 막 출발했을 때, 한 소년의 자전거 손잡이에 앉아 있던 파리가 날아서 마주 오는 소년의 자전거까지 날아갔습니다. 다른 소년의 자전거에 도착하자마자 파리는 다시 처음 앉았던 소년의 자전거를 향해 날아갔습니다. 이런 식으로 파리는 두 소년이 만날 때까지 둘 사이를 오고 갔습니다. 두 소년이 1분에 100m를 움직이는 일정한 속도로 달렸고, 파리의 속도가 1분에 150m였다면, 파리는 두 소년 사이에서 얼마나 움직였을까요?

이 문제의 조건에는 거리와 속도가 나오니까 이 둘 사이의 관계를 알아 두면 답을 찾는 데 도움이 됩니다. 소년들의 속도가 1분에 100m이니까 2분 동안에는 200m를 움직입니다. 이로부터 '(거리)=(속도)×(시간)'

이라는 관계를 알 수 있어요. 이제 문제 상황을 그림으로 나타내볼까요?

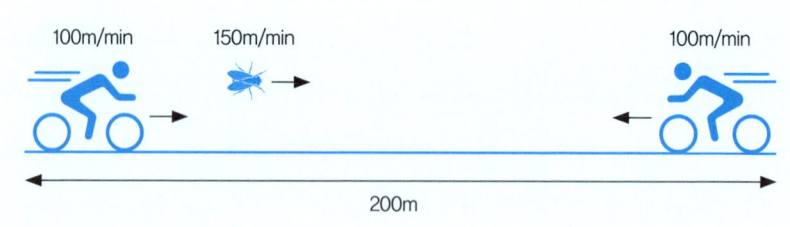

파리는 소년과 만날 때마다 방향을 바꿔 다른 소년을 향해 날아갑니다. 파리가 두 소년 사이를 움직이는 동안 소년들 사이의 거리는 점점 줄어듭니다. 이 거리를 계산해서 모두 더하면 파리가 움직인 거리를 구할 수 있을 거예요. 그러나 이런 식으로 계산할 경우엔 무한히 많은 수를 더하는 무한급수의 합을 계산해야 합니다. 무척 복잡한 계산이라 생각만 해도 끔찍해요. 다른 방법으로 답을 구할 수 없을까요?

앞에서 거리와 속도의 관계를 알아봤을 때, 거리는 속도와 시간의 곱으로 구할 수 있다고 했죠? 문제에는 파리의 속도만 나오지만, 소년들의 속도와 둘 사이의 거리를 고려하면 파리가 움직인 시간을 구할 수 있어요. 두 소년이 1분에 100m의 속도로 움직였기 때문에 200m 떨어진 두 소년이 만나는 데 걸린 시간은 1분이에요. 즉, 파리가 움직인 시간도 1분이라는 뜻이죠. 파리의 속도가 1분에 150m이니까, 파리가 움직인 거리는 150m라고 답을 구할 수 있어요. 파리가 움직인 거리에 초점을 맞추어 직접 구하려면 복잡한 계산을 해야 하지만, 거리와 연결된 속도와 시간이라는 개념으로 초점을 바꾸면 간단한 계산만으로 답을 구할 수 있어요.

현명한 문제 해결을 위해선 시간 문제를 거리와 연결하거나, 넓이 문제를 무게와 연결하는 등 다양한 방식으로 생각해보는 게 중요해요. 이런 다채로운 연결은 새로운 아이디어를 불어넣고 문제를 더 쉽게 풀게 해준답니다!

세계 최초의 프로그래머 중 한 명인 그레이스 호퍼 Grace Hopper는 하버드 대학교에서 Mark I 컴퓨터로 프로그램을 개발하며 역사적인 발자취를 남겼죠. 그녀는 비전문가들에게 나노초(1나노초=10억 분의 1초, 수퍼컴퓨터 내부 시계의 기본 단위)를 설명해야 했어요. '이렇게 짧은 시간을 어떻게 이해시킬까?' 고민하던 그녀는 시간을 직접 눈에 보이게 설명하면 더 쉽게 이해할 수 있을 거라 생각했어요.

그래서 시간을 공간으로 연결하는 아이디어를 떠올렸죠. 그녀는 "1나노초 동안 빛이 이동하는 거리를 보여주자!"며 계산을 시작했어요. 빛의 속도는 약 300000km/s니까, 1나노초(10억 분의 1초) 동안 빛이 가는 거리는 $300000 km/s \times (1/1000000000)s = 0.3m$, 즉 약 30cm예요. 그녀는 30cm 길이의 끈을 들고 말했죠. "이게 1나노초입니다!"

빛도 1나노초 동안에는 30cm밖에 가지 못한다는 것으로 1나노초를 설명한 거예요. 추상적인 시간 개념을 눈에 보이는 공간으로 연결하니, 나노초가 얼마나 짧은지 한눈에 이해되도록 설명할 수 있었지요.

과학 시간에는 이와 비슷한 설명을 들을 수 있어요. 빛의 속도는 진공에서 초속 약 30만km로, 정말 빠르죠! 하지만 이런 숫자만 말하면 감이 잘 안 와요. 그래서 더 직관적으로 연결해 표현하고는 해요.

- "빛은 1초에 지구를 일곱 바퀴 반 돌아요!"(지구 둘레가 약 40000km라서 300000km÷40000km ≈ 7.5바퀴)
- "빛은 지구에서 달까지 약 1.4초 걸려요."(지구-달 거리 약 384000km라서 384000÷300000 ≈ 1.28초, 약 1.4초로 표현)
- "태양 빛이 지구에 오는 데 약 8분 걸려요."(태양-지구 거리 약 149600000km라서 149,600,000÷300000 ≈ 498초, 즉 약 8분 18초)

이런 식으로 숫자를 일상적인 거리나 시간과 연결하면 빛의 속도가 얼마나 빠른지, 태양이 얼마나 멀리 있는지 훨씬 쉽게 느껴집니다.

모르는 것을 아는 것과 연결시키고, 보이지 않는 것을 보이는 것으로 연결하면 이해가 더 깊어지고 문제 해결 아이디어가 샘솟아요. 게다가 다른 사람과 대화나 소통할 때도 이 연결은 정말 중요하죠. 상대와 공감대를 쉽게 만들고, 내 의도를 더 잘 전달할 수 있게 해요.

예를 들어, "사람 몸에 피가 흐르는 혈관 길이는 10만km나 돼요. 그중 하나라도 막히면 심각한 질병이 생겨요"라고만 하면 감이 잘 안 잡히죠. 그래서 이렇게 표현하면 훨씬 와 닿아요. "우리 몸속 혈관을 늘어뜨려보면 지구를 두 바퀴 반이나 돌아요!"(지구 둘레 약 40000km이니 100000km÷40000km ≈ 2.5바퀴) 이런 연결로 추상적인 숫자가 생생한 이미지로 바뀌니 상대도 쉽게 이해하고 공감할 수 있습니다.

수학에 대한 이해

프랑스의 대학입학 자격시험인 바칼로레아Baccalauréat는 논술형 문제로 유명하죠. 수학 논술 시험은 단순 계산이 아니라 깊은 사고와 논리적 전개를 요구해요. 다음은 바칼로레아에서 출제되었던 수학 논술 문제의 예시예요.

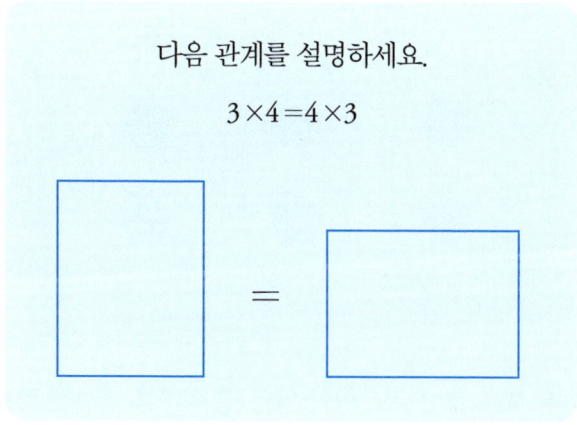

이 문제를 풀 때 높은 점수를 받으려면 어떻게 써야 할지 정확히는 모르지만, 3×4라는 곱셈을 구체적으로 사각형의 넓이와 연결해보는 게 좋을 것 같아요. 사각형을 옆으로 90° 회전시키면 가로가 4이고 세로가 3인 사각형이 되지만, 넓이는 4×3=12로 변하지 않아요. 이것을 곱셈의 교환법칙(3×4=4×3)과 연결 지어 설명하면 더 깊이 이해할 수 있답니다. 핵심은 추상적인 곱셈 3×4를 눈에 보이는 사각형의 넓이로 연결해서 생각하는 거예요.

눈에 보이지 않는 추상적인 개념은 이렇게 구체적인 이미지와 연결하면 훨씬 이해하기 쉬워져요. 예를 들어, 곱셈을 처음 배우는 초등학생이 2×3=6을 그냥 외우기만 하면 이해도 안 되고 금방 잊어버리죠. 하지만 2×3을 "2개짜리가 3묶음 있다"로 연결해보죠. 사과 2개가 한 묶음인데, 그런 묶음이 3개 있으면 총 6개! 이렇게 연결하면 쉽게 이해하고 더 오래 기억할 수 있답니다.

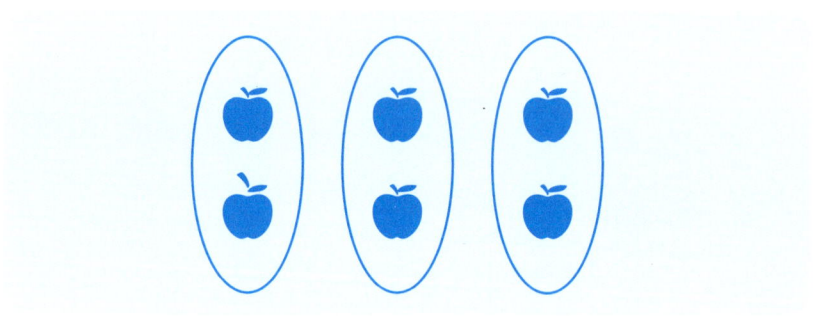

가끔 근육은 별로 없는데도 힘이 엄청 센 친구를 만나곤 하죠. 반면, 근육은 많아 보이는데 힘을 잘 못 쓰는 친구도 있어요. 그 이유는 힘을 내는 데 근육 크기만 중요한 게 아니라, 근육과 근육의 연결이 더 중요하기 때문이에요. 근육이 잘 연결될수록 더 효율적으로 활용되고, 더 큰 힘을 낼 수 있답니다. 이건 뇌의 작용과도 비슷해요. 뉴런(신경세포)이 시냅스로 연결되는데, 뉴런이 많거나 크기보다 시냅스가 많고 밀도가 높아지는 게 똑똑해지는 데 더 큰 역할을 한대요. 흔히 뇌가 큰 사람보다 뇌 주름이 많은 사람이 똑똑하다고 하죠. 많은 지식을 쌓는 것도 중요하지만, 그 지식들이 잘 연결되게 하는 게 진짜 현명함을 만드는 비결이에요. 깊이 파고드는 생각도 좋지만, 다양한 생각을 연결하는 게 우리에게 더 필요하답니다.

수학을 공부할 때도 마찬가지예요. 추상적인 개념을 설명하는 구체적인 상황과 잘 연결해야 쉽게 이해가 되고, 그런 연결에서 느끼는 재미가 바로 수학의 묘미랍니다. 자, 다음 예시를 보며 이런 연결의 재미를 느껴보세요.

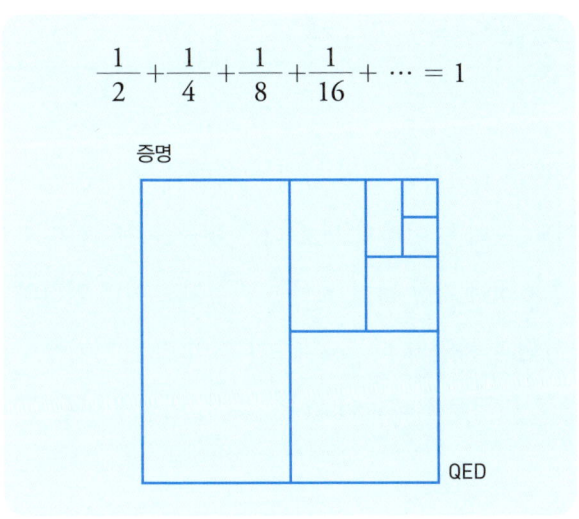

크기가 1인 정사각형을 반으로 나누면 한 조각이 $\frac{1}{2}$이 되죠. 그 $\frac{1}{2}$을 또 반으로 나누면 $\frac{1}{4}$ 그다음은 $\frac{1}{8}$ … 이렇게 계속 나누다 보면 무한히 많은 조각이 생겨요. 이 조각들을 모두 더하면 처음 크기 1인 정사각형을 꽉 채우게 되니, 그 합은 당연히 1이 되겠죠! 이 무한히 많은 분수의 합을 각 분수에 맞는 넓이의 도형으로 표현하면, 말없이도 수식을 멋지게 증명할 수 있어요. 추상적인 수식을 구체적인 도형과 연결하니 그 의미가 한눈에 쏙 들어옵니다. 이런 추상과 구체의 연결은 본질을 꿰뚫는 깊은 이해를 돕고, 지적인 흥미와 쾌감까지 불러일으킨답니다.

고대 그리스의 철학자들은 수학을 처음 공부하면서 눈에 보이지 않는 추상적인 수식을 눈에 보이는 것과 연결해 생각했어요. 우리에게 익숙한 피타고라스의 정리도 바로 수식과 그림을 연결한 멋진 사례죠.

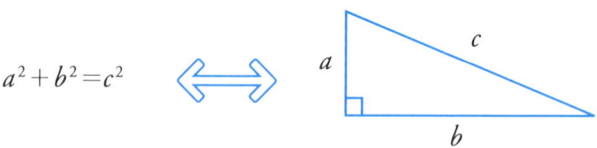

수식과 그림을 연결하면 훨씬 깊게 이해할 수 있다는 걸 여러 예를 통해 알아봤어요. 수학은 이렇게 서로 다른 것들을 연결하며 발전해왔답니다. 과학과 공학에서 가장 많이 쓰이는 미적분도 이런 연결의 결과물이에요. 영국의 뉴턴과 독일의 라이프니츠가 거의 같은 시기에, 서로 교류 없이 독자적으로 미적분을 만들어냈다고 해요. 어떻게 이런 일이 가능했을까요?

사실 뉴턴과 라이프니츠가 아니어도 누군가는 미적분을 만들어낼 수 있을 만큼 토대가 이미 마련되어 있었기 때문이에요. 뉴턴은 이런 말을 남겼죠. "내가 더 멀리 볼 수 있었던 것은 거인의 어깨 위에 올라서 있었기 때문이다." 여기서 그가 멀리 본 게 미적분의 발견이라면, 그를 어깨 위에 올려준 거인은 프랑스의 철학자이자 수학자인 데카르트예요. 데카르트는 수학의 완전히 다른 두 분야를 연결해 미적분의 기초를 다졌답니다.

수학은 크게 대수학과 기하학으로 나뉘어요. 숫자와 기호를 사용하는 방정식이 대수학이고, 도형 같은 그림으로 나타나는 게 기하학이죠. 데카르트는 이 두 분야를 멋지게 연결해서 해석기하학을 만들어냈어요. 어떤 함수를 x-y 좌표축 위에 표현하는 걸 해석기하학이라고 이해하시면 돼요.

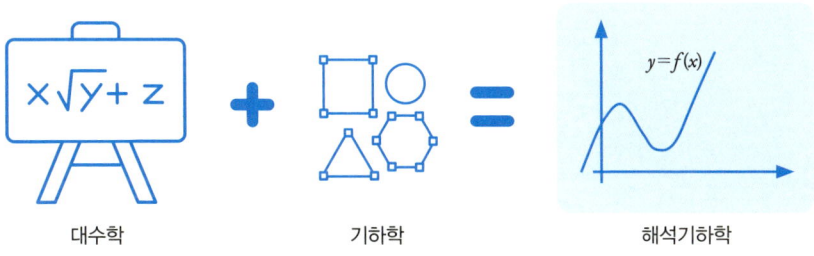

대수학   기하학   해석기하학

추상적인 함수를 눈에 보이는 그래프로 나타내는 해석기하학을 바탕으로 미분과 적분이 만들어졌어요. 미적분의 발견은 과학의 혁명을 일으키며 산업혁명과 새로운 세상을 만들어냈습니다. 지금도 많은 분야가 이런 연결을 통해 발전하고 있어요.

2022년 7월, 우리나라의 허준이 교수가 수학의 노벨상으로 불리는 필즈상을 수상하며 전 세계적인 뉴스가 되었답니다. 허 교수는 풀리지 않던 수학의 어려운 문제를 여러 개 풀어 유명해졌는데, 주로 다룬 분야는 조합론이었어요. 흥미로운 건, 그는 조합론 문제를 수학의 다른 분야인 대수기하학의 방법으로 풀었다는 거예요. 완전히 다른 두 분야인 조합론과 대수기하학을 연결해 문제를 해결한 거죠. 어려운 문제를 푼 것도 대단하지만, '조합론＋대수기하학'이라는 새로운 수학 분야를 창조한 업적이 더 크게 인정받았습니다. 이렇게 수학은 지금도 서로 다른 것을 연결하며 새로운 것을 만들어가고 있습니다.

7

수학에 자신감이 생기는 순간

{ 도전하기 }

도전하기

　초등학교 때부터 축구부에서 열심히 축구를 하던 선배의 아들 이야기입니다. 선배 부부는 둘 다 교사였는데, 아들이 축구를 좋아하여 축구부에 등록시켜줬죠. 아들은 주말마다 시합을 다니며 어린이 축구 선수로 멋지게 뛰었어요. 그렇게 축구에 푹 빠져 지내던 아들이 중학교 2학년이 됐을 때, 아빠에게 진로 고민을 털어놓으며 "축구 선수가 되긴 힘들 것 같아요. 축구부를 그만두고 이제 공부에 집중하고 싶어요"라고 했어요.

　그 이야기를 들은 저는 솔직히 걱정했어요. '지금까지 쭉 축구만 했는데, 중학교 2학년이 지나서 공부를 시작하면 너무 늦지 않을까? 대학 입시가 얼마나 치열한데, 따라갈 수 있을까?' 생각했죠. 그런데 몇 년이 지나고, 그 아이는 대학수학능력시험에서 단 2문제만 틀릴 정도로 최상위권 점수를 받아 명문대에 입학했어요.

　이 이야기를 사람들에게 들려주면 대부분 "와, 머리가 정말 좋은 학생이네!", "공부는 역시 머리가 좋아야 해!" 하며 감탄하죠. 그런데 선배와 같은 동네에 사는 제 친구는 좀 다른 이야기를 했어요. "그 녀석, 진짜 열심히 하더라. 축구할 때도 엄청 열심히 하더니, 공부도 정말 열심히 하더라고."

재능과 노력 그리고 성장 마인드셋

사람들은 "눈에 보이는 것보다 보이지 않는 것이 더 크다"고 말해요. 이를 공부에 적용해보면, '무엇을 배웠다'는 건 눈에 보이는 결과라면, '열심히 하는 습관이 몸에 배었다'는 건 눈에 보이지 않는 부분이겠죠. 기술이나 지식은 눈에 보이는 거라면, 마음가짐과 태도는 보이지 않는 거예요. 보이지 않는 게 더 크다면, 어려서부터 열심히 하는 마음가짐, 태도, 습관을 더 중요하게 배워야 해요.

"공부는 재능이다"라는 말을 자주 들어요. 공부 잘하는 머리는 타고난다는 뜻이죠. 때로는 열심히 노력하는 것도 재능이라고 하더군요. 노력하는 유전자가 있어야 그렇게 할 수 있다면서요. 그러면서 사람들은 물어요. "공부를 잘하는 건 노력 때문일까, 재능 때문일까?" 그런데 이런 질문은 의미가 없습니다. 이런 건 교육학자나 심리학자 같은 전문가들이 고민해야 할 질문이죠. 우리에게 필요한 질문은 "지금 내 상황에서 어떻게 하면 더 좋은 결과를 만들 수 있을까?" 같은 거예요. 재능이나 유전자 이야기를 할 게 아니라, "어떻게 하면 공부를 잘할 수 있을까?" 같은 질문이 중요하답니다.

이런 재능과 노력에 대해 이해하게 해주는 캐롤 드웩의 연구를 소개해 볼게요. 미국 스탠퍼드 대학교 심리학과 교수인 캐롤 드웩의 연구팀은 초등학생들을 대상으로 실험을 했어요. 먼저 모든 학생이 높은 점수를 받을 수 있는 아주 쉬운 문제를 출제한 시험을 봤어요. 학생들이 다 좋은 점수를 받았는데, 그 다음 연구팀은 학생들을 두 그룹으로 나눴어요. 한 그룹에는 "너는 정말 똑똑하구나"라는 칭찬을, 다른 그룹에는 "너는 정말 열심히 하는구나"라는 칭찬을 해줬어요. 한쪽은 지능에 대한 칭찬, 다른 쪽은 노력에 대한 칭찬이었죠. 이런 서로 다른 칭찬이 학생들의 생각을 완전히 다르게 만들어버렸답니다.

너는 정말 똑똑하구나! **VS** 너는 정말 열심히 하는구나!

"너는 정말 똑똑하구나"라는 지능에 대한 칭찬을 받은 학생들은 이런 생각을 하게 됐어요. '세상은 똑똑한 사람과 똑똑하지 않은 사람으로 나뉘는데, 나는 똑똑한 사람에 속하는구나. 기분이 좋다!' 반면에 "너는 정말 열심히 하는구나"라는 노력에 대한 칭찬을 받은 학생들은 이렇게 생각했죠. '세상은 노력하는 사람과 노력하지 않는 사람으로 나뉘는데, 나는 노력하는 사람이야. 더 열심히 해야지!' 이런 생각의 차이가 학생들의 태도와 성적에 정말 큰 영향을 미쳤어요.

실험을 계속 이어갔더니, "너는 정말 똑똑하구나"라는 칭찬을 받은 학생들보다 "너는 정말 열심히 하는구나"라는 칭찬을 받은 학생들의 성적이 훨씬 더 많이 향상됐어요. 지능에 대한 칭찬을 받은 학생들은 어려운 문제를 풀려는 도전을 잘 하지 않더라고요. 어려운 문제를 풀다가 실패하면 "이 녀석 똑똑하다고 했는데, 별로 똑똑하지 않네"라는 평가를 받을까 봐 걱정했던 거예요. 누구나 위험을 피하고 싶은 마음이 있잖아요. 그래서 '똑똑하구나', '재능이 있구나' 같은 칭찬을 받은 학생들은 그 '지위'를 지키려고 모험이나 도전을 피하게 됐어요. 자신을 칭찬해줬던 사람들을 실망시키고 싶지 않았던 거죠.

반대로 노력에 대한 칭찬을 받은 학생들은 더 열심히 하고, 어려운 문제에도 도전적으로 임했어요. 몇 달 뒤 시험을 봤을 때, 노력에 대한 칭찬을 받은 학생들은 실험 시작 전보다 성적이 무려 30%나 올랐습니다. 하지만 지능에 대한 칭찬을 받은 학생들은 오히려 성적이 20%나 떨어졌답니다. 이 실험을 여러 번 반복했는데, 결과는 매번 똑같았다고 해요.

캐롤 드웩은 자신의 연구를 성장 마인드셋과 고정 마인드셋이라는 두 가지로 깔끔하게 정리했어요. 지능이나 재능이 고정되어 있다고 보는 게 고정 마인드셋이라면, 노력으로 변하고 발전할 수 있다고 믿는 게 성장 마인드셋이에요. 학교에서 공부 잘하는 학생이 되거나 사회에서 성공하는 사람이 되려면 성장 마인드셋이 꼭 필요하죠. "나는 머리가 좋다, 나쁘다" 같은 지능이나 재능에 집중하기보다는 노력에 초점을 맞추는 게 훨씬 더 중요하답니다.

캐롤 드웩의 성장 마인드셋 연구는 우리에게 정말 중요한 행동 지침을 주고 있어요. 바로 재능이나 지능에 초점을 맞춘 칭찬은 절대 하지 말고, 노력에 대한 칭찬을 해야 한다는 거예요. 결과만 칭찬하기보다는 과정을 칭찬하는 게 더 좋다는 뜻이죠. 사람은 누구나 인정받고 싶은 욕구가 있잖아요. 인정받으면 더 열심히 합니다. 특히 어린아이들은 "잘했어!"라는 칭찬을 들으면 더 열심히, 더 잘하려고 노력한답니다. 이런 과정에서 부모님과 선생님께서 재능에 대한 칭찬 대신 노력에 대한 칭찬을 해주는 게 정말 중요하다는 사실을 다시금 생각하시기를 바랍니다.

진짜 노력과 가짜 노력

재능보다는 노력을 인정하고, 노력한 것에 칭찬을 해주는 게 중요하다고 강조했는데요, 한 가지 더 짚고 싶은 건 가짜 노력이 아니라 진짜 노력이 필요하다는 거예요. 학생들에게 시간 때우기 식의 가짜 노력이 아니라, 마음의 불편함을 감수하면서 하는 진짜 노력의 필요성을 깨우쳐주어야만 합니다.

학생들을 많이 가르쳐본 선생님들은 공부를 잘하는 학생과 성적이 평범한 학생의 차이를 보면 알 수 있다고 해요. 공부를 잘하는 학생들은 자신이 모르는 것을 알아보려고 노력하는 태도를 보이는 반면, 평범한 학생들은 자신이 이미 아는 것을 공부하는 데 더 많은 시간을 쓴다는 거예요. 사실 공부란 모르는 것을 알아가는 과정이잖아요. 그래서 아는 것보다 모르는 것에 더 신경 써야 해요. 하지만 모르는 것에 집중하는 건 마음이 불편한 일이에요. 아는 것을 반복하는 게 마음 편히 시간을 보내는 공부 방식이지요. 그래서 공부를 잘하려면 자신이 모르는 것을 알아가는 그 불편한 시간을 잘 견디는 게 정말 중요하답니다.

　단순히 시간을 들이는 기계적인 노력과 달리, 전문가들은 의식적인 노력이 필요하다고 강조해요. 예를 들어, 탁구를 친다고 해볼까요? 그냥 별생각 없이 10시간 탁구를 치는 것과, 5시간만 쳐도 의식적으로 2시간은 "내가 어떤 부분을 더 연습해야 할까?"를 파악하고, 2시간은 부족한 부분을 집중 연습하고, 나머지 1시간은 다시 전체를 쳐보는 방법을 비교해보면 돼요. 별생각 없이 10시간 치는 것보다 의식적으로 5시간 치는 게 탁구 실력을 더 키울 수 있다는 데 다들 동의하실 거예요. 여기서 가장 중요한 시간은 자신이 부족한 부분을 연습하는 2시간이에요. 잘못하는 걸 연습하며 느끼는 불편한 시간을 갖는 게 연습에서 정말 중요하죠.

　공부에서도 마찬가지입니다. 심리학에서 이야기하는 '컴포트 존 comfort zone'이라는 용어가 있어요. 기온이나 바람이 딱 좋아 몸이 편안한 안락지대처럼, 익숙하고 편한 상태를 뜻하죠. 전문가들은 뭔가를 배울 때에는 의식적인 노력이 필요한데, 그 핵심이 편안한 컴포트 존을 벗어나 스스로 마음이 불편한 상태까지 몰아붙이는 것이라고 강조해요.

　학원에서 학생들을 가르치는 선생님들한테 이런 이야기를 들은 적이 있어요. 어떤 중학생들은 수학 문제를 풀고 나서 자신이 푼 문제를 채점하지 않는대요. 맞았는지 틀렸는지 확인도 안 하고 그냥 넘어가는 거예요. 심지어 문제를 풀어보지도 않고 바로 해답지를 보고, 이해가 되면 문제에 동그라미를 크게 치는 학생들도 있대요. 그런 문제를 자신이 풀 수 있는 문제라고 체크하고 넘어가는 거죠. 혹시 틀릴까 봐 불안한 마음을 없애려고, 마음이 불편한 상태에 절대 빠지지 않으려는 거예요. 하지만 이렇게 하면 제대로 된 공부가 아니에요. 책상에 오래 앉아서 공부를 해도 좋은 성적을 받기가 힘들 거예요.

도전적인 문제 즐기기

도전이라는 단어는 얼핏 생각기술과는 관련이 없어 보일 수 있어요. 하지만 사실은 전혀 그렇지 않답니다. 생각기술에서 정말 중요한 부분이 바로 도전하는 마음을 갖는 거예요. 도전적인 마인드와 태도가 없으면 대부분의 생각기술은 제대로 작동하지 않아요. 남다른 전략을 펼친 사람들이나 위대한 사상가들을 보면 모두 도전적인 사람들이었죠. 꼭 대단한 전략이나 사상을 내지 않더라도, 나의 일상에서 조금 더 적극적이고 도전적인 마음으로 생각하고 아이디어를 만들어보는 건 정말 중요하답니다.

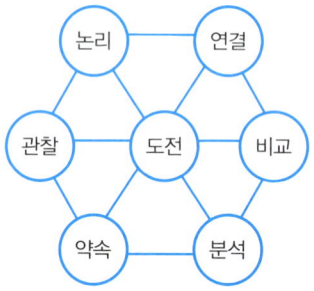

수학적 사고를 키우는 데 도전이 정말 중요하답니다. 아이들이 적극적이고 도전적인 마음을 가질 수 있도록, 억지로 몰아세우는 게 아니라 수학이 재미있고 즐겁다는 느낌을 심어주며 자연스럽게 도전하고 싶게끔 이

끌어주는 리더십이 필요해요. 예를 들어, "우리 함께 재미난 수학 퍼즐을 풀어보며 최고의 탐정이 되어보자!" 하고 즐거운 분위기를 만들며 아이들의 호기심을 자극하는 거죠.

수학 퍼즐은 최소한의 수학 지식으로 최대한의 아이디어를 내서 풀어야 하는 문제들이에요. 처음엔 내가 풀 수 있는 쉬운 문제부터 시작해서 조금씩 단계를 높여가며, 지식보다 머리를 쓰고 생각의 힘을 발휘하는 도전적인 문제들을 풀어보는 거예요. 수학교과서 문제는 아니지만, 이런 퍼즐을 많이 풀어보면 수학에 흥미가 생기고, 수학적 사고가 자연스럽게 자라면서 실제 수학 실력도 쑥쑥 커집니다. 더불어 문제 해결력도 키워지고요.

자, 아이들과 함께 수학 퍼즐에 도전하며 재미난 시간을 가져보는 건 어떨까요? 예를 들면, 다음과 같은 문제로 말이에요.

14	+	17	=	
+		+		+
20	+	3	=	
=		=		=
	+		=	

20	+	13	=	
+		+		+
15	+	13	=	
=		=		=
	+		=	

위 문제는 간단한 덧셈으로 빈칸을 채우면 되니까 매우 쉬워요. 다음에 소개하는 문제는 비슷하지만 조금 다릅니다.

문제 1 1에서 9 사이의 수를 넣어서 다음이 성립되게 하세요.

	+		+	6	=11
+		+		+	
9	+		+		=14
+		+		+	
	+	5	+		=20
=18		=9		=18	

[문제 1]은 더해지는 수를 찾아야 하는 훨씬 복잡한 문제예요. 어떻게 해서 이런 답이 나오는지 여러 경우를 생각하면서 따져보세요.

2	+	3	+	6	=11
+		+		+	
9	+	1	+	4	=14
+		+		+	
7	+	5	+	8	=20
=18		=9		=18	

아주 옛날 사람들도 수학 퍼즐을 즐겼는데, 대표적인 것이 바로 마방진 magic square입니다. 마방진은 아래와 같이 가로, 세로, 대각선의 수를 더한 값이 모두 같은 특별한 배열이에요.

2	9	4
7	5	3
6	1	8

자, 하나하나 아이들과 함께 가로, 세로, 대각선에 있는 세 개의 수를 더해보세요. 모두 15로 같은 걸 확인할 수 있어요. 이런 특별한 관계가 신기하지 않나요? 먼저 이런 특별한 것에 관심과 흥미를 갖는 게 첫걸음이에요. 그다음엔 "어떻게 하면 이렇게 만들 수 있을까?" 하며 아이와 함께 고민하고 만들어가는 시간을 가져보는 거죠. 아이가 원치 않는 너무 복잡하거나 어려운 문제는 피하는 게 좋아요. 자신이 어느 정도 할 수 있다는 자신감을 줄 수 있는 도전적인 문제가 딱 맞아요. 무엇보다 중요한 건 흥미와 재미를 느끼는 거랍니다.

기네스북에 오른 세상에서 가장 어려운 수학 문제로 페르마의 마지막 정리가 있어요. 이 문제는 1637년 페르마가 처음 제시했는데, 아주 단순한 형태임에도 불구하고 무려 350년 동안 아무도 풀지 못해 세상에서 가장 유명한 문제가 되었죠. 그러다 1995년, 앤드루 와일즈가 이 문제를 최종적으로 해결했어요. 와일즈는 10살 때 도서관에서 우연히 페르마의 마지막 정리를 알게 됐는데, 그때부터 이 문제에 완전히 매료됐어요. 그 흥미를 시작으로 수학을 더 열심히 공부했고, 결국 수학자가 되어 350년 만에 이 문제를 증명한 최초의 사람이 되었답니다. 와일즈의 이야기를 통해 다시 한번 흥미와 재미를 느끼며 도전적인 마음을 갖는 게 중요하다는 걸 깨닫게 되네요.

아이가 마방진에 흥미와 재미를 느낀다면 정말 멋진 기회예요. 그와 비슷한 퍼즐에 도전해보도록 따뜻하게 격려하며 자신감을 북돋아주는 게 좋겠죠. 예를 들어, 이런 문제를 함께 풀어보는 건 어떨까요?

문제 2 5개의 수 1, 2, 3, 4, 5를 다음 빈칸에 넣어서 가로 세로의 합이 같게 만들어보세요.

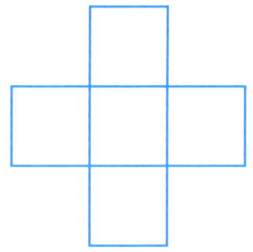

하나하나 수를 넣으면서 천천히 확인하세요. 실제로 다음과 같이 3가지 경우가 가능하답니다.

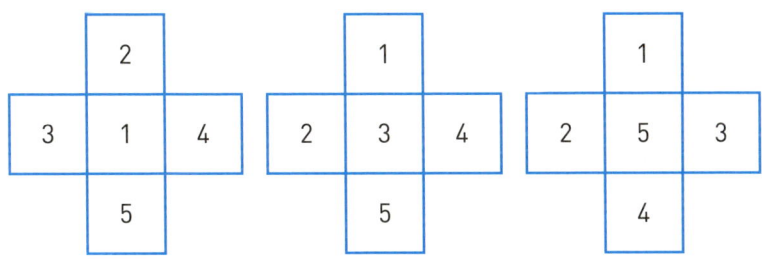

중앙에 오는 수가 1, 3, 5일 때는 가능하지만, 2나 4가 중앙에 오면 가로와 세로의 합이 같은 경우를 만들 수 없어요. 이런 차이가 왜 생기는지 아이와 함께 이야기해보세요. "왜 2나 4로는 안 될까? 한번 같이 생각해볼까?" 하며 아이와 함께 이유를 찾아가는 시간을 가져보세요.

💡 **문제 3** 5개의 수 1, 3, 5, 7, 9를 다음 빈칸에 넣어서 가로 세로의 합이 같게 만들어보세요.

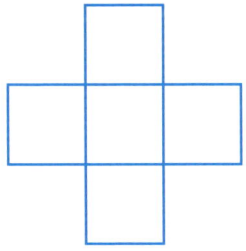

빈칸에 들어가는 수를 홀수로 바꿨을 뿐, [문제 2]와 거의 같은 문제예

요. 아이와 함께 다시 수를 넣어보며 천천히 확인해보는 시간을 가져보세요. 그리고 이 문제에서도 중앙에 1, 5, 9라는 3개의 수만 가능한 이유를 함께 찾아보세요. "왜 이런 숫자들만 될까? 우리 같이 고민해볼까?" 하며 아이와 즐겁게 도전해보세요.

	5				1				1	
3	1	9		3	5	7		3	9	5
	7				9				7	

💡 **문제 4** 다음 원 안에 1에서 5까지의 수를 넣어서 직선 위에 있는 세 수의 합과 원의 둘레에 있는 네 수의 합이 모두 같게 만드세요.

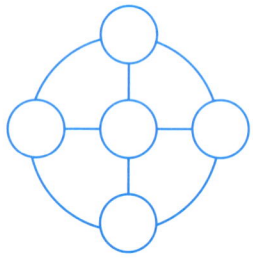

5개의 수를 마구잡이로 넣어보는 건 올바른 방법이 아니에요. 생각보다 경우의 수가 많아서 답을 찾기가 어렵고, 설령 운 좋게 답을 찾았다 해도 그건 흥미롭거나 재미있는 경험이 되지 않죠. 이 문제를 풀려면 먼저 중앙

에 어떤 수가 와야 하는지에 대해 차근차근 생각해볼 필요가 있어요. 원 둘레에 있는 4개의 수의 합과 가로, 세로로 직선상에 있는 3개의 수들의 합이 같아지려면 어떤 수가 적합할까요? 문제를 더 잘 파악하기 위해 빈 칸에 'A, B, C, D, E'를 써보면 다음과 같은 관계가 나타나요.

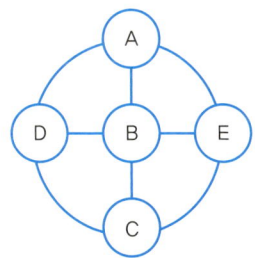

$A+B+C = A+C+D+E$
$D+B+E = A+C+D+E$

$B = D+E$
$B = A+C$

$A+B+C+D+E = 3B = 1+2+3+4+5 = 15$

따라서 B = 5이고, 나머지 수들을 찾아보면 다음과 같아요.

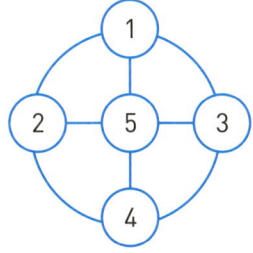

[문제 3]은 [문제 1]과 [문제 2]보다 조금 더 어려워요. 하지만 이 문제를 풀고 나면 마방진에 대해 훨씬 더 많이 이해하게 됐다는 느낌이 들 거예요! 이렇게 관련된 것을 하나씩 차근차근 경험하면서 점점 더 많이 알게 되는 과정이야말로 정말 좋은 학습이랍니다.

마방진과 그에 관련된 문제들을 함께 알아봤는데요, 이번엔 매직서클

magic circle도 소개합니다. 1부터 32까지의 숫자를 한 번씩만 사용해서 만든 특별한 원이에요. 여기서 멋진 점은 어떤 숫자를 골라 옆의 수와 더해도 그 결과가 항상 제곱수가 된다는 거예요.

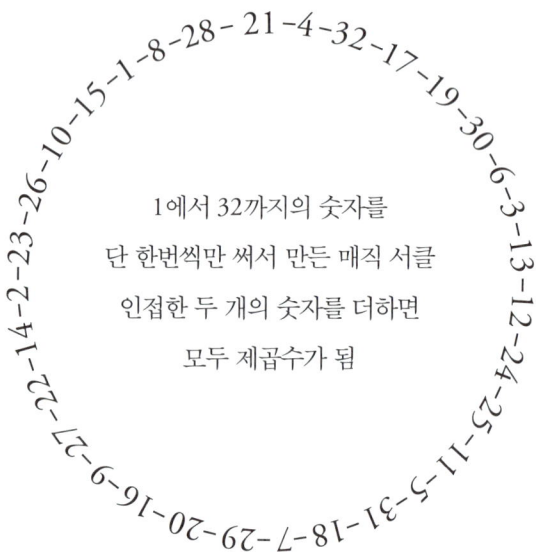

매직서클에서 인접한 두 수의 합이 정말 제곱수가 되는지 아이와 함께 확인하는 시간을 가져보세요. "이 수와 옆에 있는 수를 더하면 어떤 수의 제곱이 될까?"하며 제곱수에 대해 자연스럽게 알아가는 동시에, 절묘한 수의 배열로 만들어진 매직서클을 보며 수학에 대한 호기심을 키우는 멋진 시간이 될 거예요.

이번엔 또 다른 매직서클을 소개하려 합니다. 중국 송나라 수학자 양휘(Yang Hui, 1238~1298)가 만든 이 매직서클은 1부터 33까지의 숫자를 한 번씩 사용해서 만든 특별한 원이에요. 크고 작은 4개의 동그란 원 위에 있는 숫자들의 합이 모두 138로 같습니다.

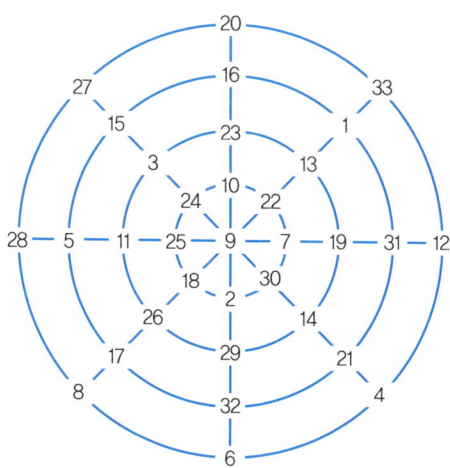

 더 신기한 건, 8개의 반지름 위에 있는 수의 합이 모두 69로 같고, 4개의 지름에 있는 수의 합은 중앙에 있는 9를 더해서 147로 같다는 거예요. 동그란 원 위 숫자의 합이 138인데, 여기에 중앙의 9를 더하면 138＋9＝147이 되어 지름의 수를 모두 더한 값과 딱 맞아요. 이런 마술 같은 특별함을 통해 수학에 대한 흥미와 재미를 느껴보세요.

도전적인 대화와 토론

 수학적 사고력을 키우는 좋은 방법 중 하나는 아이들에게 생각의 자극이 되는 경험을 제공하는 거예요. 조금 어려운 도전적인 내용을 아이들의 수준에 맞춰서 단계별로 함께 이야기하며 천천히 생각을 이끌어주는 건, 생각의 힘을 키우는 정말 좋은 방법이랍니다. 이런 질문을 한번 볼까요?

4개의 연속하는 정수를 곱하여 3024을 얻었습니다. 연속하는 4개의 정수는 어떤 수일까요?

세 가지 방법으로 이 문제를 풀어볼게요.

첫 번째 방법은 방정식을 세우는 거예요. 4개의 연속된 정수 가운데 제일 작은 수를 n이라고 하면, 4개의 연속하는 정수를 각각 n, $n+1$, $n+2$, $n+3$으로 나타낼 수 있고 이 네 수의 곱이 3024이니까 다음과 같이 쓸 수 있어요.

$$n(n+1)(n+2)(n+3)=3024$$

n에 대한 4차 방정식인데요, 일반적인 4차 방정식의 풀이 방법은 무척 복잡해요. 고등학생에게도 어려운 문제일 거예요.

두 번째 방법은 3024를 적당한 수들의 곱으로 나눠보는 거예요. 먼저 $3024 = 9 \times 336$부터 시작해보면 좋을 것 같아요.

그 다음 $336 = 6 \times 56$으로 쪼개고, 56은 7과 8의 곱이죠. 이렇게 결론적으로 $3024 = 9 \times 336 = 9 \times 6 \times 56 = 9 \times 6 \times 7 \times 8$이 되는 거예요. 4개의 연속한 수 6, 7, 8, 9를 곱한 결과가 3024라는 걸 알 수 있답니다.

세 번째 방법은 계산을 하기 전에 먼저 논리적으로 생각해보는 거예요. 몇 가지를 함께 따져보면서 풀어볼까요?

- 우리가 찾는 4개의 수 중에는 10이 들어가지 않아요. 왜냐하면 10이 포함되면 1의 자리가 0이 될 테니까요.
- 4개의 연속하는 수는 10보다 작아야 해요. 만약 모두 10보다 크다면 4개 수의 곱이 다섯 자릿수가 되어 $10 \times 10 \times 10 \times 10 = 10000$이 되는데, 이건 3024보다 크니까요.
- 4개의 수 중 5도 들어 있지 않아요. 5가 있으면 1의 자릿수가 0이나 5가 되어야 하거든요.
- 이런 논리로 따져보면 연속하는 4개의 수가 6, 7, 8, 9일 거라고 추측할 수 있어요.
- 실제로 계산해보면 $6 \times 7 \times 8 \times 9 = 3024$가 맞다는 걸 확인할 수 있습니다.

이 문제는 사실 4차 방정식 $n(n+1)(n \times 2)(n \times 3) = 3024$를 푸는 문제인데, 곱셈이나 나눗셈 같은 실질적인 계산 없이도 답을 생각해낼 수 있다는 게 정말 재미있어요.

다시 한번 강조하자면, 복잡한 계산이 수학의 진짜 모습이 아니랍니다. 수학의 핵심은 바로 생각하는 힘이에요. 중요한 건 아이들의 생각의 힘을 키워주는 거고, 그걸 위해 가장 좋은 방법은 도전적인 주제에 대해 함께 이야기하며 탐구하는 시간이랍니다. 그런 도전적인 주제로 자주 다뤄지는, 대표적인 이야기 하나를 소개합니다.

> 세 명의 손님이 호텔에 투숙하며 각각 10만 원을 내서 총 30만 원을 지불했어요. 나중에 호텔 지배인이 손님들이 할인 쿠폰을 제시했던 걸 알고 직원에게 5만 원을 돌려주라고 했죠. 직원이 5만 원을 돌려주자 손님들은 각자 1만 원을 갖고, 나머지 2만 원을 그 직원에게 팁으로 줬어요.
> 그런데 계산해보면 손님들은 결국 9만 원씩 총 27만 원을 지불했고, 직원은 팁으로 2만 원을 받았어요. 그러니까 27만 원 + 2만 원 = 29만 원이 되는데, 처음 30만 원과 비교하면 1만 원이 사라진 것 같아요. 그 사라진 1만 원은 어디로 갔을까요?

이 이야기는 사람을 살짝 헷갈리게 하는 재미있는 문제예요.

논리적인 오류를 유도하는 퀴즈라서 처음엔 당황할 수도 있죠. 상황을 차근차근 정리해보면, 3명의 손님이 지불한 돈은 각 9만 원씩 총 27만 원이에요.

그리고 호텔이 받은 돈은 25만 원, 직원이 팁으로 받은 돈은 2만 원이니, 25만 원 + 2만 원 = 27만 원이 맞아요. 그러니 문제 속에서 1만 원은 사라지지 않았답니다.

위의 이야기는 꽤 오래전부터 내려오는 문제로, 비슷한 변형이 여러 가지 있어요. 다음에 소개하는 이야기가 대표적입니다. 아이들과 이야기 소재로 같이 나누면서 아이들의 생각의 힘을 키워주세요.

어느 보석 가게에 손님이 70만 원짜리 진주를 사고 100만 원 수표를 냈어요. 보석 가게 주인은 잔돈이 없어서 옆집에서 그 수표를 현금 100만 원으로 바꾼 뒤 손님에게 30만 원을 거슬러 줬죠. 그런데 다음 날, 옆집에서 그 수표가 부도 수표라며 현금 100만 원을 돌려달라고 했어요. 결국 보석 가게 주인은 현금 100만 원을 돌려줬답니다. 보석 가게 주인은 얼마를 손해 봤을까요?

세 친구가 식사를 하고 각자 5000원씩 총 15000원을 냈어요. 실제 식사 값은 10000원이었기 때문에 웨이터가 5000원을 돌려주려고 했죠. 하지만 웨이터는 친구들에게 1000원씩만 돌려주고, 나머지 2000원을 자신이 가졌어요. 결과적으로 친구들은 각자 4000원씩 총 12000원을 냈고, 웨이터는 2000원을 가졌죠. 그런데 12000원과 2000원을 더해도 14000원밖에 안 돼요. 처음 낸 15000원과 1000원이 차이 나네요. 사라진 1000원은 어디로 간 걸까요?

이런 도전적인 이야기를 아이들과 나눌 때 한 가지 꼭 주의해야 할 점이 있어요. 이런 대화가 아이들을 테스트하는 자리가 되어선 안 된다는 거예요. "이런 이야기를 함께 나누면 자연스럽게 머리가 좋아지겠구나!" 하며 흥미롭고 재미있는 도전 이야기라는 걸 느끼도록 해주세요. 중요한 건 아이가 흥미와 재미를 느끼는 거랍니다. 이런 맥락에서 수학자들의 재미난 에피소드나 특별한 삶에 대한 이야기를 들려주는 것도 정말 좋아요. 관련된 책을 소개해서 함께 읽어보거나, 동영상이나 다른 자료를 찾아보는 것도 멋진 방법이죠. 아이를 가르치려 하기보다는 배우는 과정을 즐겁게 도와주는 마음으로 함께해보세요.

풀 수 있는 문제와 풀 수 없는 문제

어려운 수학 문제를 풀 때, "1시간이고 2시간이고 끝까지 매달려야 할까?" 아니면 "바로 답을 보고 유형을 외우는 게 나을까?" 고민이 되죠. 몰입을 강조하시는 분들은 "안 풀리는 문제에 끝까지 매달려봐! 그 과정에서 진짜 공부가 되고 머리 쓰는 법을 배우게 될 거야"라고 조언하시죠. 하지만 현실적으로 매번 그렇게 할 수는 없어요. 정해진 시간 안에 정해진 양의 공부를 해야 하고, 하루 종일 수학만 할 수도 없으니까요. 학생들을 가르치는 선생님들께서는 대부분 바로 답을 보는 것보다는 몰입하며 문제를 파고드는 걸 추천하시더라고요. 하지만 1시간, 2시간 무조건 몰입하기보다는 일정한 시간을 정해놓고 몰입하는 게 현실적인 방법이에요.

사실 몰입이 잘 되는 조건은 문제가 나에게 적당히 도전적일 때예요. 너무 쉬우면 지루하고, 너무 어려우면 몰입하기 쉽지 않죠. 나에게 딱 맞는 도전적인 문제에서 몰입의 효과를 제대로 볼 수 있답니다. 예를 들어, "한 문제에 10분을 투자하자!"라고 정했는데, 10분 동안 문제 해결의 단서조차 찾지 못했다면, 그때는 답을 보는 게 현명해요. 그리고 내가 해결하지 못하는 문제가 특정 부분에서 자꾸 반복된다면, 그 부분에 대한 이해가 부족한 거예요. 그럴 땐 내용을 다시 확인하고, 쉬운 문제부터 차근차근 풀어보며 기초를 다져보는 게 좋아요. 하지만 문제는 "이 문제가 내가 고민하면 풀 수 있는 문제인지, 아닌지"를 알기 어렵다는 거예요.

이런 상황은 공부뿐 아니라 일상에서도 비슷하게 나타나요. 내가 할 수 있는 일과 할 수 없는 일이 있죠. 현명한 사람은 할 수 있는 일을 열심히 하면서, 할 수 없는 일은 과감히 포기하는 사람이래요. 그런데 진짜 문제는 내가 할 수 있는 일과 할 수 없는 일의 경계가 모호하다는 거예요. 이런 때일수록 "할 수 없다"고 단정 짓기보다는, 좀 더 적극적이고 도전적인 마음으로 "어떻게 하면 이 일을 할 수 있게 만들 수 있을까?"를 고민하는 태도가 필요해요.

많은 사람들이 힘든 일이나 하기 싫은 일을 '할 수 없는 일'로 분류하곤 해요. 그래야 마음 편히 노력하지 않아도 변명할 수 있으니까요. 하지만 도전이란 "이건 할 수 없어"라고 단정 짓는 대신, 할 수 없을 것처럼 보이는 일에 긍정적인 마음으로 "어떻게 하면 될까?"를 더 깊이 생각해보는 거예요.

우리 아이들에게 꼭 가르쳐야 할 가장 중요한 것이 이런 마음가짐이에요. 할 수 있는 일을 열심히 하는 것, 그리고 할 수 없을 것처럼 보이는 일에도 도전적인 태도로 열심히 해보는 마음 말이에요. 학교에서 배우는 공부는 일반적인 학생들의 능력을 벗어나는 내용이 아니에요. 만약 지금 내 수준과 맞지 않으면, 과정을 조정해서 쉬운 단계부터 다시 시작하며 열정을 가지고 도전하는 자세가 필요하답니다.

에필로그
이렇게 바꾸라!
진짜 수학 잘하는 아이로 키우기 위해 필요한 것

진짜 수학을 잘하는 아이로 키우려면, 수학을 즐겁게 탐구하며 스스로 생각하는 힘을 키우는 게 핵심이에요. 아이가 수학을 어렵고 딱딱한 학문이 아니라, 재미있고 실생활과 가까운 것으로 느끼게 해주는 물리적·정서적 환경을 만들어주는 게 중요하죠. 자연스럽게 수학적 사고력을 키우고, 긍정적인 경험을 통해 수학을 좋아하는 아이로 자라게 하려면 다양한 수학 관련 자료와 활동이 필요해요.

수학 관련 환경을 만드는 데 꼭 필요한 것들을 구체적으로 소개합니다. 하지만 모든 물품을 다 준비할 필요는 없어요. 아이의 연령과 관심사를 고려해서 융통성 있게 준비하세요.

결과보다는 노력을 칭찬하기

　부모의 언어와 몸짓은 아이에게 세상을 해석하는 틀을 제공하며, 그 틀에 따라 아이는 자신과 주변을 이해하게 됩니다. 아이가 수학을 어떻게 느끼고 배우는지에 부모라는 가장 가까운 환경이 끼치는 영향은 절대적입니다. 유명 학원에서 최상의 교사와 교재로 수업을 받는 것보다 아이의 마음을 건강하게 가꾸는 정서적 환경이야말로 진짜 수학을 잘하는 아이로 자라게 합니다.

　부모님의 말과 행동은 아이가 세상을 이해하는 틀을 만들어줘요. 아이가 수학을 어떻게 느끼고 배우는지에 부모라는 가장 가까운 환경이 정말 큰 영향을 미친답니다.

　부모님의 입에서 "수학은 정말 재미있구나!", "우리 생활 곳곳에 수학이 숨어 있네!", "함께 하니까 더 잘 풀리네!" 같은 긍정적인 말들이 자연스럽게 흘러나오도록 노력해보세요. 혹시 부모님께서 수학에 대한 부정적인 경험이나 편견이 있다면, 아이 앞에서 드러내지 않도록 주의해주세요. 아이는 부모님의 감정을 스펀지처럼 흡수하거든요. 부모님의 불안이나 짜증이 아이에게 전달되면 수학에 거부감이 생길 수 있어요. 맑고 신선한 공기가 아이의 폐를 건강하게 하듯, 수학에 대한 긍정적인 분위기는 아이의 마음을 열어 즐겁게 수학을 받아들이게 해줄 거예요.

　아이가 수학 문제를 틀렸을 때 "왜 이것도 못하니!" 하며 다그치기보다는, "어떤 부분이 어려웠을까? 우리 함께 다시 한번 생각해볼까?" 따뜻하게 격려하는 태도를 보여주세요. 실수는 당연한 거예요. 그 실수를 통해 배우고 성장할 수 있다는 믿음을 심어주는 게 중요하죠. "괜찮아, 틀려도 괜찮아. 다시 한번 해보자!"라는 말은 아이에게 용기를 주고, 수학에 대한 두려움을 없애 줄 거예요. 이런 경험은 아이가 좌절하지 않고 끈기 있게 도전하는 힘을 키워줍니다.

아이가 엉뚱한 질문이나 기발한 생각을 꺼내면 "쓸데없는 소리 하지 마!"라고 핀잔주지 말고, "정말 재미있는 생각이다! 왜 그렇게 생각했니?" 하며 호기심을 자극해주세요. 아이가 스스로 질문하고 탐구하는 과정에서 수학적 사고력이 쑥쑥 자란답니다. 따스한 햇볕이 식물의 성장을 돕듯, 아이의 호기심을 존중하고 격려하는 건 수학적 사고력을 키우는 최고의 자양분이에요. "이건 왜 이렇게 될까?", "만약 이렇게 된다면 어떻게 될까?" 같은 질문을 던지며 아이의 상상력과 탐구심을 북돋아주세요.

결과보다는 노력의 과정을 칭찬하는 것도 큰 도움이 됩니다. "정답을 맞혀서 대단하네!"보다 "이 문제를 풀기 위해 오랫동안 고민하고 다양한 방법을 시도한 네 노력이 정말 멋지다!" 같은 칭찬은 아이에게 '노력하면 된다'는 성장 마인드셋을 심어줄 거예요. 작은 목표를 세우고 달성했을 때 "잘했어!" 하며 성취감을 느끼게 해주는 것도 좋아요.

부모님 스스로도 수학에 대한 긍정적인 태도를 가지시고, 아이와 함께 수학 관련 활동을 즐기는 모습을 보여주시면 좋겠어요. 함께 퍼즐을 풀거나 보드게임을 하거나, 요리하면서 계량하는 활동을 해보세요. 이런 활동은 수학이 재미있는 놀이처럼 느껴지게 하고, 부모님과 함께 성장하는 따뜻한 유대감을 만들어줍니다. 결국, 아이가 진짜 수학을 잘하는 아이로 자라게 하는 가장 중요한 환경은 부모님의 따뜻한 마음이에요. 따뜻한 지지와 긍정적인 분위기 속에서 아이는 수학에 대한 두려움을 내려놓고, 즐겁게 탐구하며 스스로 성장하는 힘을 길러갑니다.

눈에 보이는 수학 세상 만들기

부모님은 아이가 처음 만나는 환경이에요. 아이의 성장을 위한 환경을 만드는 건 부모님의 중요한 역할이죠. 특히 수학을 잘하고 좋아하는 아이로 키우려면, 가정에서 '눈에 보이는 수학 세상'을 만들어주는 게 정말 효과적이에요. 자연스럽게 수학적 개념과 친숙해지도록 주변의 사물과 공간을 준비해보세요. 몇 가지 도움되는 물리적 환경 요소를 소개해드릴게요.

달력과 시계

달력은 날짜, 요일, 월의 흐름을 시각적으로 보여줘서 아이가 시간의 순서와 간격을 이해하는 데 큰 도움이 돼요. 매일 아침 달력을 보며 "오늘은 몇 일이니?" 하며 날짜를 확인하고, 요일을 이야기하며 한 주 계획을 세워보세요. 생일이나 기념일 같은 특별한 날에 동그라미를 그리며 "며칠 남았지?" 하고 세어보는 활동은 수 세기 능력과 예측 능력을 키워줍니다. 요일의 규칙적인 패턴을 발견하도록 "매주 월요일이 오는 걸 보니 어떤 반복이 있네?" 하며 패턴 인식 능력도 향상시킬 수 있어요.

시계는 시간 읽는 능력과 시간 관리 능력의 기초를 만들어줘요. 아날로 그 시계와 디지털 시계를 함께 놓아두고, "긴 바늘과 짧은 바늘이 어디를 가리키니?" 하며 시간을 읽는 연습을 해보세요. "지금 몇 시일까?", "30분 뒤에는 뭐 할까?" 같은 질문을 통해 시계를 자주 확인하고 시간을 인지하도록 이끌어주세요. 좋아하는 TV 프로그램 시작 시간이나 놀이 시간을 정해놓고 "몇 시에 시작하지?" 하며 기다리는 연습은 시간 감각과 계획성을 길러줍니다. 간단한 시간 계산도 재미있게 해볼 수 있어요. "3시부터 3시 30분까지는 몇 분이니?" 하며 시간 연산 능력을 키워보세요.

화이트보드 (또는 칠판)

화이트보드는 아이가 자유롭게 생각하고 표현하는 수학 놀이터가 될 거예요. 아이디어를 시각적으로 나타내고, 문제를 풀거나 그림을 그리며 수학적 개념을 더 쉽게 이해하고 기억할 수 있죠. 아이가 스스로 숫자나 도형을 써보거나, 간단한 덧셈, 뺄셈 문제를 풀어보도록 "여기서 한번 풀어볼까?" 하며 격려해주세요. 함께 게임 규칙을 적거나, 그림으로 수학 문제를 표현하는 활동은 창의력과 문제 해결 능력을 키워줍니다. 부모님께서 아이에게 수학 개념을 설명하거나 어려운 문제를 함께 풀 때도 유용한 도구가 될 거예요.

수학 교구 및 보드게임

수학 교구는 추상적인 수학 개념을 구체적인 사물로 직접 만지고 조작하며 이해하도록 도와주는 멋진 도구예요. 시각과 촉각 같은 다양한 감각을 활용해서 학습 효과를 높이고, 수학적 원리를 더 직관적으로 이해하게 해주죠. 구슬, 바둑돌, 블록, 숫자 카드, 수 막대는 수 세기, 덧셈, 뺄셈 같은 기본 연산 개념을 시각적으로 익히는 데 필수적이에요. 다양한 모양의 블록, 도형 퍼즐, 칠교 놀이는 기하학적 개념과 공간 감각을 키우는 데 좋아요. 줄자, 저울, 컵 같은 도구는 길이, 무게, 부피 등 측정 개념을 직접 경험하며 이해하는 데 필요하고, 피자 조각 모형이나 분수 막대는 분수와 비율 개념을 시각적으로 배우는 데 효과적이랍니다. 이런 교구들을 준비해두고 아이가 자유롭게 탐색하며 놀이처럼 즐기도록 "이 블록으로 뭘 만들어볼까?" 하고 격려해주세요.

보드게임은 놀이를 통해 자연스럽게 수학적 사고력, 전략적 사고, 문제 해결 능력을 키워주는 멋진 방법이에요. 규칙을 이해하고, 상대방의 움직임을 예측하며, 최적의 전략을 세우는 과정에서 논리적 사고력과 의사 결정 능력이 자라죠. 가족과 함께 즐겁게 게임을 하면서 수 세기, 연산, 공간지각, 확률적 사고 같은 수학적 개념을 재미있게 익힐 수 있답니다. "우리 오늘 이 게임 한번 해볼까?" 하며 가족과 즐거운 시간을 가져보세요.

수학 관련 도서

다양한 수학 관련 도서를 읽으며 아이는 생각하는 힘과 글을 읽고 이해하는 능력을 함께 키울 수 있어요. 딱딱한 문제집과 달리, 수학 관련 도서는 이야기, 그림, 퀴즈 등을 통해 수학적 개념을 새롭고 재미있게 알려줘서 수학에 대한 흥미와 호기심을 자극한답니다. 또, 수학 관련 도서는 정확하고 논리적인 문장으로 개념을 설명하죠. 책을 읽으며 아이는 이런 문장 구조에 익숙해지고 이해력을 높일 수 있어요. 자신의 생각을 논리적으로 표현하는 능력도 자라게 되죠. 마치 선생님의 설명을 듣고 이해하듯, 책을 통해 논리적인 글쓰기의 기초를 다질 수 있습니다. 아이의 연령과 관심사에 맞는 수학 그림책, 동화, 퍼즐 책 등을 준비해두고 "우리 이 책 한 번 읽어볼까?" 하며 함께 읽는 시간을 가져보세요.

진짜 수학 잘 하는 아이로 키우는 엄마, 아빠의 말 십계명

아이의 수학 실력은 단순히 문제 풀이 기술이 아니라, 태도와 사고력에서 시작됩니다. 정답을 맞혀 높은 점수를 얻는 것보다 생각하는 힘과 마음의 힘을 키워주는 게 훨씬 더 중요해요. 실수는 실패가 아니라 새로운 것을 배우는 소중한 기회라는 걸 아이에게 꼭 알려주세요. 실수를 두려워하면 성장하기 어려워요. "실수해도 괜찮아!"라는 성장 마인드셋을 심어주시고, 노력이 쌓이면 누구나 수학을 잘할 수 있다는 긍정적인 메시지를 들려주세요. 부모님의 따뜻한 말이 아이의 자신감과 도전 정신을 쑥쑥 키워줄 거예요. 자, 부모님의 말을 어떻게 바꾸면 좋을지 알아볼까요?

❶ "맞았네! 너 정말 똑똑하구나!"
➡ "어떻게 생각해서 이 답을 찾았니?"

정답보다 과정이 더 중요합니다. 답을 맞힌 것보다 아이가 어떻게 생각했는지를 칭찬하면 논리적으로 생각하는 힘이 자라난답니다.

❷ "또 틀렸어? 집중 좀 해!"
➡ "왜 틀렸는지 같이 살펴볼까?"

어른도 실수를 하는데, 아이가 실수하는 건 당연하죠. 틀린 문제는 성장할 기회예요. 실수를 두려워하지 않고 배우도록 따뜻하게 이끌어주세요.

❸ "넌 수학보다 국어가 더 맞는 것 같아"
➡ "수학은 연습하면 점점 더 잘할 수 있어."

"원래 수학을 못해"라는 말은 절대 하지 말아주세요. 수학적 재능은 타고나는 게 아니라 노력과 연습으로 자라납니다.

❹ "이 문제도 못 풀겠어?"
➡ "이 문제 어렵지? 천천히 하나씩 생각해보자!"

아이가 문제를 어려워해도 격려해주세요. 어려운 문제에 겁먹지 않고 도전하는 태도를 가질 수 있도록 도와주세요.

❺ "와, 5분 만에 다 풀었네! 너 천재구나!"
➡ "어떤 방법으로 풀었는지 설명해줄래?"

빨리 푸는 것보다 깊이 생각하는 것이 더 중요합니다. 속도가 아닌 사고

과정에 집중하도록 이끌어주세요.

❻ "이 문제는 이렇게 푸는 거야."
➡ "이 문제는 어떻게 풀면 좋을까? 네가 한번 생각해볼래?"

바로 풀이 방법을 알려주지 마세요. 아이 스스로 생각하는 기회를 주세요. 그래야 수학적 사고력이 쑥쑥 자랍니다.

❼ "넌 나 닮아서 수학머리가 없나 봐."
➡ "아직은 어려워도 연습하면 될 거야!"

머리가 좋아야 수학을 잘한다는 편견을 버리세요. '아직은'이라는 말 한마디가 성장하는 과정에 있음을 알려주고 노력할 수 있도록 희망을 불어넣어줘요.

❽ "어려운 문제인데, 정답을 맞히다니 대단하다!"
➡ "어려운 문제도 포기하지 않고 끝까지 푼 게 정말 멋지다!"

정답보다 노력과 과정을 칭찬해주세요. 어려운 문제를 풀기 위해 오랫동안 고민하고 다양한 방법을 시도한 노력을 칭찬하면 아이는 끈기를 배웁니다.

❾ "이건 그냥 외워야 하는 거야."
➡ "이게 무슨 뜻인지 네 말로 설명해볼래?"

아이가 직접 설명하도록 이끌어주세요. 자신의 말로 설명하면서 더 깊이 이해하고 오래 기억합니다.

❿ "네 친구는 벌써 이거 다 할 줄 안대."
➡ "지난번보다 훨씬 잘했네! 네가 노력해서 그렇구나."

다른 아이와 비교하기보다는 성장에 초점을 맞춰주세요. 비교는 자신감을 잃게 하고 수학을 싫어하게 만들어요. 아이가 과거의 자신과 비교하며 성장의 기쁨을 느끼게 해주세요.

말이 바뀌면, 아이의 수학 실력도 바뀝니다!

수학적 사고력 기르기 활동

{ 부록 }

수학적 사고력 기르기 활동
1. 논리력 키우기

활동 1
왜냐하면 게임

Why | 활동 목적

아이와 함께 대화하며 자연스럽게 논리적 사고력을 키우는 놀이입니다. 질문에 대답하면서 세 가지 이유를 함께 말하는 단순한 놀이지만, 아이는 그 세 가지 이유를 생각하는 과정에서 더 깊이 있게 사고하고 자신의 생각을 정리할 수 있습니다. 이러한 과정은 아이가 자신의 생각을 표현하는 능력을 기르는 데 큰 도움이 됩니다. 더불어 부모와 아이의 대화도 더욱 풍부해지는 효과를 기대할 수 있습니다.

Tools | 준비물

자녀와 대화를 나눌 시간적 여유

How | 방법

◇ 한 사람이 질문하고 다른 사람이 답하며 게임처럼 진행합니다. 질문을 받은 사람은 답을 말하고 '왜냐하면'이라고 말한 다음 세 가지 이유를 말해야 합니다.

◇ 다음과 같이 아이가 자신의 생각을 자유롭게 말할 수 있는 질문을 해보세요.

- 가장 좋아하는 과일은?
- 가장 가보고 싶은 나라는?
- 받고 싶은 생일 선물은?
- 공간 이동이 가능하다면, 당장 가고 싶은 장소는?
- 타임머신을 타고 가고 싶은 시대는?

Examples | 예시

엄마 '왜냐하면' 게임을 해볼까? 엄마가 ○○이에게 질문하면 대답할 때, 답만 말하지 말고 그 이유도 말해주는 거야. '왜냐하면'이라고 말한 다음, 그 이유 세 가지를 말해주는 거지. 엄마가 먼저 해볼게. 엄마한테 어떤 과일을 제일 좋아하는지 물어봐줄래?

아이 엄마가 제일 좋아하는 과일은 뭐예요?

엄마 엄마는 바나나가 제일 좋아. 왜냐하면…(잠시 생각하고) 부드럽고, 달콤하고, 껍질을 까기가 쉽거든.

아이 알겠어요. 부드럽고, 달콤하고, 껍질을 까기 쉽다. 이렇게 이유를 세 가지 말하는 거네요.

엄마 그럼 이번에는 ○○이가 얘기해줄래? 가장 좋아하는 과일이 뭘까?

아이 제가 가장 좋아하는 과일은 사과예요. 왜냐하면….

More ideas | 한 걸음 더 나아가기

◇ 이유 세 가지를 '3분 안에 말하기'와 같이 시간 제한을 두어, 아이의 도전의식과 승부욕을 자극하는 요소로 활용할 수도 있습니다.

◇ 아이의 답과 이유를 들은 후, 같은 질문을 다른 사람에게 했다면 어떤 대답이 나올지 예상해보고, 그 이유를 찾아보게 합니다. 예를 들면 "만약 ○○이가 아기라면(또는 할아버지나 할머니라면) 어떤 과일을 좋아할까? 그 이유는 뭘까?"와 같은 식입니다. 이런 질문을 받고 답하는 과정을 통해 다양한 입장과 관점에서 생각해보는 기회를 가질 수 있습니다.

활동 2
다른 것 하나 찾기

Why | 활동 목적

'다른 것 하나 찾기'는 주어진 몇 개의 사물이나 수, 그림 중에서 나머지와 다른 하나를 찾아내는 활동입니다. 이 활동을 하면서 아이는 주어진 것들을 비교하고 차이점을 찾아내는 능력을 키웁니다. 또한, 사물을 특징에 따라 분류하고 패턴을 인식하는 능력을 기를 수 있습니다. 이 활동은 논리적 사고력을 키우는 데에 크게 도움이 되는데, 다양한 관점에서 문제를 바라보고 논리적인 근거를 바탕으로 답을 찾아 그 이유를 설명하기 때문입니다. 뿐만 아니라 정해진 답이 없는 문제를 해결하는 과정을 통해 생각의 폭을 넓히고, 유연하고 창의적인 사고를 하도록 이끌어줍니다.

Tools | 준비물
네 개 중 적어도 하나가 다른 점을 가진 네 개의 물건, 그림, 또는 단어 카드

How | 방법
- 네 개 중 적어도 하나가 다른 점을 가진 네 개의 물건, 그림, 또는 단어 카드를 미리 준비합니다.
- 아이에게 이들 중 다른 하나를 찾아보게 하고, 그 이유를 설명하게 합니다.
- 다른 하나를 고른 이유가 말이 된다면, 어떤 이유라도 받아들입니다. 아이만의 관점에서 특별한 이유가 있을 수 있습니다.

Examples | 예시
다음과 같이 삼각형, 구멍이 뚫린 정사각형, 빗금이 있는 정사각형, 작은 크기의 정사각형이 있는 카드를 준비합니다.

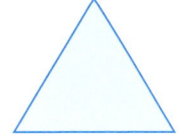 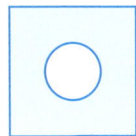 

◇ 삼각형을 네 개 중 다른 하나로 답할 수 있습니다. 왜냐하면 삼각형을 제외하고 나머지는 모두 정사각형 모양이기 때문입니다.
◇ 구멍이 뚫린 정사각형을 네 개 중 다른 하나로 답할 수 있습니다. 왜냐하면 나머지에는 구멍이 없기 때문입니다.
◇ 빗금이 있는 정사각형을 네 개 중 다른 하나로 답할 수 있습니다. 왜냐하면 나머지는 모두 빗금이 없기 때문입니다.
◇ 작은 사각형을 네 개 중 다른 하나로 답할 수 있습니다. 왜냐하면 나머지는 크기가 크기 때문입니다.

이런 식으로 다양한 답을 찾을 수 있으므로, 타당한 이유인지 잘 살피는 한편, 다양한 관점을 수용하는 열린 마음이 필요합니다.

More ideas | 한 걸음 더 나아가기

다른 것 찾기 활동의 예시를 몇 가지 더 소개해보겠습니다.

◇ 아래와 같이 단어나 그림이 포함된 카드를 활용할 수 있습니다.

- 벤치, **테이블**, 소파, 의자
- 개미, **돼지**, 거미, 메뚜기
- 바나나, 치즈, **망치**, 당근
- 개, 고양이, 사자, **금붕어**

- 양말, 바지, **칫솔**, 모자
- 토끼, 개, 나비, **베개**
- **치즈**, 신발, 코트, 셔츠

◇ 네 개의 가구가 있습니다. 나머지와 다른 하나를 찾아보세요.

둥근 세 다리 테이블, 의자(앉을 수 있는 것), 서랍장, 상판이 있는 벤치

답 1: 둥근 세 다리 테이블 – 나머지는 다리가 모두 4개이고, 둥근 부분이 없습니다.

답 2: 서랍장 – 나머지는 물건을 넣어 보관할 수 없고, 다리가 깁니다.

답 3: 의자 – 나머지는 등받이가 없습니다.

이 밖에도 다양한 답이 나올 수 있습니다.

◇ 다음 네 개의 수에서 다른 하나를 찾아보세요.

$$2, 4, 6, 9$$

답 1: 9 – 나머지는 짝수이고, 9는 홀수.

답 2: 4 – 나머지 숫자는 곡선으로 이루어져 있지만, 4는 직선으로만 이루어져 있음.

답 3: 2 – 나머지는 합성수(둘 이상의 소수의 곱으로 이루어진 수)이지만, 2는 소수.

활동 3
정말 맞아? - 반례 찾기

Why | 활동 목적

'반례'란 어떤 주장이나 문장(명제)이 항상 참이 아님을 보여주는 예를 말합니다. 쉽게 말해, 어떤 규칙이나 법칙에 예외가 되는 경우를 가리키는 것이죠. 예를 들어, '모든 새는 날 수 있다'는 문장을 살펴봅시다. 이 문장은 옳을까요? 그렇지 않습니다. 펭귄은 새이지만 날 수 없습니다. 따라서 '펭귄'이 바로 '모든 새는 날 수 있다'라는 주장에 대한 반례가 됩니다.

반례를 찾아봄으로써 우리는 어떤 주장이 참인지 아닌지를 확인할 수 있고, 잘못된 추론이나 논리적 비약을 발견해낼 수 있습니다. 또한 주어진 정보를 그대로 수용하지 않고 비판적으로 분석하며, 다양한 가능성을 고려하는 깊은 사고를 훈련하는 데에도 큰 도움이 됩니다.

Tools | 준비물

두 사람씩 짝을 지어 진행하거나 팀 대항으로 진행할 경우, 각 팀의 주장을 적을 칠판 또는 종이와 펜

How | 방법

◇ 누가(또는 어느 팀이) 먼저 주장할지 순서를 정합니다.
◇ 한쪽이 어떤 주장이나 문장을 말하면, 다른 쪽은 그 말이 정말 맞는지 따져봅니다. 상대의 주장이 옳지 않다는 것을 보여주면 이깁니다. 특히

반례를 들어 상대의 주장을 반박하면 더욱 확실하게 이길 수 있습니다.
◇ 하나의 주장이나 문장이 옳은지 따진 후에 다른 팀이 새로운 주장을 하고, 다시 그 주장이 옳은지 따져나갑니다.

Examples | 예시

◇ 모든 사과는 빨갛습니다.
  ➡ 노란색, 초록색 사과도 있습니다.
◇ 모든 외국인은 영어를 잘합니다.
  ➡ 영어를 못하는 외국인도 많이 있습니다.
◇ 모든 꽃은 향기가 납니다.
  ➡ 모란, 수선화, 개나리, 진달래, 해바라기 등에는 향기가 없습니다.
◇ 모든 트럭에는 바퀴가 4개 있습니다.
  ➡ 6개 또는 10개 이상의 바퀴를 가진 대형 트럭도 있습니다.
◇ 모든 직사각형은 정사각형입니다.
  ➡ 직사각형의 모든 변의 길이가 같을 필요는 없습니다.
◇ 월요일은 학교에서 공부하는 날입니다.
  ➡ 공휴일이거나 방학이어서 학교에 가지 않는 월요일도 있습니다.
◇ 해가 뜬 날은 따뜻합니다.
  ➡ 한겨울에는 해가 떠도 날씨가 춥습니다.

More ideas | 한 걸음 더 나아가기

반례 찾기를 활용하면 아이들이 수학적 명제나 공식을 더욱 깊이 이해하는 데 도움이 됩니다.

◇ 두 홀수를 더하면 항상 홀수가 된다.
  ➡ 두 홀수 3과 5을 더하면 8입니다(3＋5＝8). 그런데 8은 짝수입니다. 이렇게 반례를 찾으면서 아이들은 홀수와 짝수의 덧셈 규칙을 이해하게 됩니다.
◇ 모든 홀수는 소수이다.
  ➡ 9는 홀수지만 3×3＝9이므로 소수가 아닙니다. 반례를 통해 아이들은 소수의 정의를 다시 떠올리고, 소수와 합성수의 차이를 정확히 이해할 수 있습니다.

활동 4
숫자 야구 게임

Why | 활동 목적

이 게임은 진행자가 미리 정한 세 자릿수를, 진행자가 주는 힌트를 이용해서 예측해서 맞히는 게임입니다. 이때, 진행자가 주는 힌트가 야구 심판의 용어와 비슷하여 '야구 게임'이라고 불립니다. '아웃'이라는 힌트를 통해 답이 될 수 없는 숫자를 제외하고, '볼'과 '스트라이크'라는 힌트를 이용해 숫자와 그 자리를 추리해 나가는 과정을 통해, 아이들은 연역적 사고력을 키우고 자리값의 개념을 확실히 익히게 됩니다.

Tools | 준비물

게임 인원 두 명 이상(진행자 한 명 포함). 진행자와 참가자 모두에게 개별적으로 종이와 연필이 필요함.

How | 방법

◇ 먼저 진행자는 세 자릿수 하나를 정합니다. 이 세 숫자는 각 자리의 숫자가 모두 달라야 합니다. 예를 들어 121, 442, 777처럼 같은 숫자가 반복되는 수는 사용할 수 없습니다. 이렇게 정한 수를 '비밀 수'라고 합니다.

◇ 진행자는 비밀 수를 자신의 종이에 적고, 다른 게임 참가자가 보지 못하도록 합니다.

◇ 참가자는 자신이 추측한 세 가지 숫자를 진행자에게 말합니다.

◇ 진행자는 참가자가 추측한 수에 대해 다음과 같이 힌트를 줍니다.

> **아웃** 하나도 맞지 않았을 때
>
> **1볼** 숫자 하나는 맞았지만, 자리가 틀렸을 때
>
> **1스트라이크** 숫자 하나가 맞았고, 자리도 정확할 때

◇ 진행자가 준 힌트를 바탕으로 참가자가 비밀 수를 맞히면 게임이 끝납니다. 추측한 수와 그에 대한 힌트를 종이에 적어가며 추리하면 비밀 수를 찾을 수 있습니다.

Examples | 예시

비밀 수 427을 찾는 방법은 다음과 같습니다.

추측	대답	설명
109	아웃	숫자 3개 모두 틀렸음. 따라서 1, 0, 9는 비밀 수에 없음.
123	1스트라이크	숫자 1개는 맞고, 자리도 정확함.
145	1볼	숫자 1개는 맞지만, 자리는 틀림.
265	1볼	숫자 1개는 맞지만, 자리는 틀림.
353	아웃	숫자 3개 모두 틀림. 따라서 3, 5는 비밀 수에 없음.
426	2스트라이크	숫자 2개가 맞고 자리도 정확함.
427	3스트라이크	비밀 수를 정확히 맞힘. 게임 종료.

More ideas | 한 걸음 더 나아가기

세 자릿수의 비밀 수 찾기에 익숙해졌다면, 네 자릿수 비밀 수로 바꿔 게임을 해보세요.

◇ 숫자 야구 게임에 익숙해졌다면, 게임을 분석해보는 활동도 좋습니다.
(비밀 수를 맞히는 데 필요한 최소 시도 횟수와 최대 시도 횟수는 얼마일까요? 세 자릿수 비밀 수의 힌트로 '2스트라이크 1볼'이 나올 수 없는 이유는 무엇일까요? 등)

수학적 사고력 기르기 활동
2. 관찰력 키우기

활동 1
직소퍼즐 맞추기

Why | 활동 목적

퍼즐을 맞추기 위해서는 모양, 색상, 패턴, 그림의 세밀한 디테일까지 유심히 살펴야 합니다. 조각 하나하나를 자세히 관찰하고, 서로의 연관성을 찾아내는 과정 속에서 자연스럽게 관찰력이 길러지지요. 이와 함께 색상, 모양, 경계선 등을 분석하면서 패턴을 인식하는 능력도 함께 발달합니다.

퍼즐을 완성하는 동안 아이는 실수와 시행착오를 반복하며 문제를 해결하는 방법을 익히게 됩니다. 퍼즐 전체를 완성하려면 꾸준히 집중해야 하므로 주의력과 인내심도 함께 자라납니다. 겉보기엔 단순한 놀이처럼 보일 수 있지만, 직소 퍼즐은 어린이의 관찰력뿐 아니라 인내심, 문제 해결 능력, 협동심까지 키워주는 훌륭한 도구입니다.

Tools | 준비물

아이의 연령에 알맞은 퍼즐을 준비하세요.

- 3~4세는 20피스 이하의 큰 조각
- 5~6세는 50피스 이하의 중간 크기 조각
- 7세 이상은 아동용 100피스 정도

아이가 성취감을 맛볼 수 있도록, 쉬운 퍼즐로 시작해 조각 수를 점차 늘려가 주세요.

How | 방법

◇ 처음에는 테두리 조각을 모아 기본 틀을 완성한 뒤, 중앙 부분을 채워 나가도록 지도하세요. 이를 통해 체계적인 사고를 배울 수 있습니다.
◇ 퍼즐을 맞출 때마다 성취감을 느낄 수 있도록 칭찬해주세요.
◇ 퍼즐 맞추기를 가족 활동으로 만들어 아이와 함께 시간을 보내세요. 이는 사회성과 협동심을 기르는 데 도움이 됩니다.
◇ 퍼즐이 너무 어렵거나 복잡하면 아이가 금방 흥미를 잃을 수 있으니, 도전적이되 해결 가능한 난이도를 유지하세요.
◇ 아이가 실패를 겪더라도 포기하지 않도록 긍정적으로 격려하며 천천히 접근하게 도와주세요.

More ideas | 한 걸음 더 나아가기

◇ 퍼즐을 완성한 후, 그림을 주제로 이야기를 만들어보거나 색칠하기 등 창의적인 활동을 추가해보세요.

활동 2
수직선 number line 위의 개구리

Why | 활동 목적

수직선은 숫자를 시각적으로 표현하고 이해하는 데 매우 유용한 도구입니다. 마치 지도가 공간을 보여주듯, 수직선은 숫자의 크기와 순서를 한눈에 보여줍니다. 이를 활용하면 수의 순서, 수의 크기 비교, 덧셈과 뺄셈, 양수와 음수, 절대값과 같은 개념을 보다 쉽게 이해할 수 있습니다.

특히, '수직선 위를 점프하는 개구리'처럼 뛰어 세기 활동을 하면 수의 규칙성과 패턴을 자연스럽게 익히게 됩니다. 뛰어 세기란 일정한 간격으로 수를 건너뛰며 세는 방법으로, 예를 들어 2부터 시작해 3씩 뛰어 센다면, '2, 5, 8, 11, …'이 됩니다.

이러한 뛰어 세기 활동은 숫자들 간의 패턴을 인식하는 능력을 길러줍니다. 예를 들어, 2씩 뛰어 세기를 통해 모든 짝수가 2의 배수임을, 5씩 뛰어 세기를 통해 모든 5의 배수가 0 또는 5로 끝난다는 사실을 이해할 수 있습니다. 이는 수학적 패턴을 발견하고 이해하는 데 중요한 연습이 됩니다.

Tools | 준비물

칠판과 분필, 칠판 지우개 (또는 화이트 보드와 보드용 펜, 지우개)

How | 방법

- 칠판에 아이와 함께 큰 소리로 숫자를 말하며 0부터 15까지 한 줄로 써 보세요.
- 한 번에 3씩 뛸 수 있는 개구리를 시작점인 0 위에 놓고, 처음 한두 번 뛴 모습을 그려줍니다.

- "개구리가 점프를 더하면 어떤 수에 앉게 될까?"라고 물어보고, 직접 칠판에 그려보게 하세요.
- 개구리가 한 번에 뛸 수 있는 수를 2나 4 등으로 바꾸어 같은 질문을 반복합니다.
- 아이가 100 이상의 수를 셀 수 있다면, 수직선을 100 이상으로 확장해 같은 활동을 해보세요.

100 101 102 103 104 105 106 107 108 109 110 111 112 113 114 115

- 뛰어 세기에 익숙해졌다면, 1씩 늘어나는 수가 아니라 다음과 같이 일정한 간격으로 늘어나는 수들을 칠판에 써 보세요. 그리고 개구리가 다음에 앉게 될 수를 물어보세요.

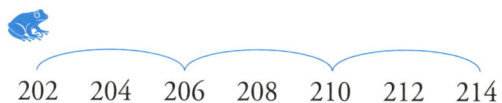

◇ 만일 아이가 "다음 수가 칠판에 써 있지 않다"고 말한다면, 직접 이어지는 수를 써 보게 한 뒤 그 다음 수를 찾아보도록 지도해주세요.

More ideas | 한 걸음 더 나아가기

◇ 아이가 일정한 간격으로 수들이 늘어난다는 것에 익숙해졌다면, 다음과 같이 여러 칸을 비워두고, 물음표가 있는 칸에 들어갈 수를 물어보세요.

2 4 6 _ _ _ _ ? _ _ _ _ _

◇ 아이가 정답을 찾으면, 물음표의 위치를 바꾸어 다른 칸의 수를 찾도록 지도하세요.

활동 3
100표 규칙 놀이

Why | 활동 목적

수 배열표에서 규칙에 맞는 수들을 모두 찾아 표시하는 것이 이 활동의 목적입니다. 아이들은 보통 덧셈, 뺄셈 등의 계산 과정을 통해 얻어지는 수들을 따로 생각합니다. 하지만 수들이 순서대로 배열된 모습을 보면서, 수들 사이의 관계를 인식하게 됩니다.

수 배열표를 보는 것만으로도 아이들의 수 감각을 키우는 데 도움이 되는 이유가 여기에 있습니다.

수 배열표는 수를 시각적으로 보여주는 훌륭한 도구입니다. 초등학교 1, 2학년 단계에서는 물체, 무늬, 수 등의 배열에서 규칙을 찾고, 여러 가지 방법으로 표현해보는 활동이 중요합니다. 이 활동에서처럼 다양한 수의 배수나 약수를 찾아 표시하기를 통해 아이들은 곱셈구구의 기초를 경험할 수 있습니다.

Tools | 준비물

1에서 100까지 표시된 수 배열표 여러 장, 바둑돌이나 동전 등 수 배열표에 표시할 수 있는 물건 또는 색연필

100 수 배열표

1	2	3	4	5	6	7	8	9	10
11	12	13	14	15	16	17	18	19	20
21	22	23	24	25	26	27	28	29	30
31	32	33	34	35	36	37	38	39	40
41	42	43	44	45	46	47	48	49	50
51	52	53	54	55	56	57	58	59	60
61	62	63	64	65	66	67	68	69	70
71	72	73	74	75	76	77	78	79	80
81	82	83	84	85	86	87	88	89	90
91	92	93	94	95	96	97	98	99	100

How | 방법

◇ 아래 규칙 중 한 가지를 고릅니다.

- 각 자릿수의 차가 1인 수들
  (예: 45에서 4와 5의 차이는 1, 54도 마찬가지입니다.)
- 3의 배수
- 5의 배수
- 9의 배수

- 각 자릿수를 더해 9가 되는 수들 (예: 4+5=9, 8+1=9)
- 6으로 나누어 떨어지는 수들
- 똑같은 숫자가 있는 수들
- 11의 배수

◇ 선택한 규칙에 맞는 모든 수에 표시를 합니다. 보통은 새로운 규칙을 적용하기 전에 이전 규칙에 따라 표시했던 것을 지우지만, 경우에 따라 규칙이 어떻게 겹치는지를 보여주고 싶다면 그대로 두고 겹쳐서 표시하세요.

다음은 '각 자리의 수들 차이가 1인 수들'을 표시한 예입니다.

1	2	3	4	5	6	7	8	9	10
11	12	13	14	15	16	17	18	19	20
21	22	23	24	25	26	27	28	29	30
31	32	33	34	35	36	37	38	39	40
41	42	43	44	45	46	47	48	49	50
51	52	53	54	55	56	57	58	59	60
61	62	63	64	65	66	67	68	69	70
71	72	73	74	75	76	77	78	79	80
81	82	83	84	85	86	87	88	89	90
91	92	93	94	95	96	97	98	99	100

◇ '배수'의 개념을 아직 모르는 아이에게는 '수를 세어' 가며 색칠하도록 지도해주세요. 예를 들어 3의 배수를 모두 찾아 표시할 때는, 아이가 "1, 2, 3"을 세고 3에 표시하게 하세요. 그런 다음, 한 손가락을 3에 대고 4, 5, 6을 가리키며 "1, 2, 3"을 셉니다. 이어 6에 표시하고, 다시 손가락을 6에 놓은 후 같은 방식으로 "1, 2, 3" 세기를 반복합니다. 이런 방식은 곱셈 개념으로 이어지는 '뛰어 세기'를 익히는 데 도움이 됩니다.

◇ 일정한 규칙을 가진 수들이 만들어내는 패턴을 관찰하고, 공통점과 차이점을 발견해보세요.

◇ 가족이 함께 규칙을 정해 활동을 해보는 것도 좋은 방법입니다.

More ideas | 한 걸음 더 나아가기

◇ 순서를 바꾸어 먼저 수 배열표에 표시한 다음, 표시된 수들이 어떤 공통적 규칙을 갖고 있는지 찾아보게 하세요.

활동 4
달력 관찰

Why | 활동 목적

우리가 일상에서 접하는 달력은, 수들 사이의 관계를 탐색하는 훌륭한 수학 도구가 될 수 있습니다. 예를 들어, 날짜와 요일의 규칙을 살펴보는 과정에서 아이들은 약수와 배수, 나머지를 갖는 수 등 기본적인 수학 개념을 자연스럽게 익힐 수 있습니다.

　추상적인 수학 개념을 실생활 속 도구와 연결함으로써, 아이들은 수학이 현실 세계와 밀접하게 관련되어 있다는 사실을 깨닫고, 수학에 대한 자신감도 키울 수 있습니다.

　또한 달력을 활용한 활동은 아이들이 스스로 탐구하고 질문을 던질 수 있는 기회를 제공합니다. 스스로 관찰하고, 패턴을 찾아내며, 더 깊은 수학적 연결을 나아가도록 도와주는 훌륭한 관찰 훈련이 됩니다.

Tools | 준비물

아래와 같은 이번 달의 달력(이 책에서는 2024년 8월 달력 기준), 종이와 연필

2024년 8월

일	월	화	수	목	금	토
				1	2	3
4	5	6	7	8	9	10
11	12	13	14	15	16	17
18	19	20	21	22	23	24
25	26	27	28	29	30	31

How | 방법

◇ 일요일(또는 원하는 요일)에 해당하는 날짜들을 달력에서 찾아 순서대로 적어보세요. 그런 다음, 그 수들 사이에 어떤 규칙이 있는지 찾아보세요.

➡ 일요일에 해당하는 날짜는 4, 11, 18, 25이며, 모두 7씩 늘어나는 규칙이 있습니다.

◇ 목요일에 해당하는 날짜의 수(1, 8, 15, 22, 29)를 7로 나누어보세요. 나머지가 얼마인가요? 다른 요일의 날짜들도 7로 나누어보고, 어떤 규칙이 있는지 찾아보세요.

➡ 목요일에 해당하는 날짜를 7로 나누면 모두 나머지가 1입니다. 다른 요일의 날짜들도 일정한 나머지를 갖습니다. (일요일 - 4, 월요일 - 5, 화요일 - 6, 수요일 - 0, 금요일 - 2, 토요일 - 3)

◇ 달력에서 1, 2, 8, 9가 포함된 2×2 크기의 사각형을 그려보세요.

❶ 사각형 안의 네 수 중 두 개를 골라 더하세요. (예: 1+2=3)

❷ 다른 두 수를 골라 더하세요. 가능한 모든 경우를 계산해봅니다. 모두 몇 가지가 나올까요?

➡ 중복되는 경우를 제외하면 총 여섯 가지 경우가 나옵니다. 표를 이용하면 빠뜨리지 않고 모든 경우를 확인할 수 있습니다.

1과 다른 수를 더하는 경우	1+2=3, 1+8=9, 1+9=10
2와 다른 수를 더하는 경우	2+1=3(중복), 2+8=10, 2+9=11
8과 다른 수를 더하는 경우	8+1=9(중복), 8+2=10(중복), 8+9=17
9와 다른 수를 더하는 경우	9+1=10(중복), 9+2=11(중복), 9+8=18(중복)

❸ 네 개의 수 중 두 개를 골라 더한 결과를 잘 관찰합니다. 어떤 규칙을 발견했나요?

➡ 대각선에 있는 두 수를 더한 값이 같습니다(1+9=2+8).

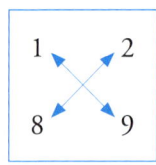

❹ 달력에서 2×2 크기의 다른 사각형을 그리고 ①~③ 활동을 다시 해보세요.

➡ 규칙 찾기의 처음 단계(①~③)에서는 크기가 작은 수의 덧셈을 사용하지만, 점차 더 큰 수의 덧셈을 하게 됩니다. 더 큰 수로 이루어진 사각형에서도 ③과 같은 규칙이 나타납니다.

More ideas | 한 걸음 더 나아가기

◇ 곱셈의 개념을 이해하고 있다면, 두 수를 곱한 값을 구하고 규칙을 찾아보세요. (곱셈 계산이 어렵거나 익숙하지 않다면, 계산기를 이용해도 좋습니다.)

➡ 1×9=9, 2×8=16이고, 두 곱의 차이는 7입니다. 다른 사각형에 대해서도 대각선에 있는 두 수를 곱한 값의 차는 항상 7입니다.

◇ 3×3 크기의 사각형을 찾아, 그 안에 들어가는 아홉 개의 수 중 세 개의 수를 더한 값을 조사하고 규칙을 찾아보세요.

➡ 서로 이웃하는 9개 수에서는, 대각선 방향이나 십자 방향으로 놓인 세 수의 합이 같습니다.

◇ 접근 방식을 달리하면 새로운 규칙을 발견할 수 있습니다. 예를 들어,

여섯 개 수가 들어가는 직사각형 모양에서는 어떤 규칙이 나올까요? 다양한 방식으로 수들 사이의 관계를 탐구해보도록 아이를 격려해주세요.

활동 5
T퍼즐 (관찰)

Why | 활동 목적

정사각형이나 삼각형 같은 도형을 잘라낸 뒤, 조각을 재배치하여 새로운 모양을 만들거나 원래 모양으로 되돌리는 퍼즐을 '분할 퍼즐 dissection puzzle'이라고 합니다. T퍼즐은 분할 퍼즐의 한 종류입니다.

분할 퍼즐 문제는 겉보기에는 매우 쉬워 보이지만, 실제로는 생각보다 어려운 경우가 많습니다. 문제를 해결하기 위해서는 공간 감각과 사고력을 발휘해야 하며, 다양한 방법을 시도하면서 집중력과 인내심을 길러야 합니다. 이런 과정을 통해 자신감과 성취감, 창의력을 키워갑니다.

Tools | 준비물

다음 그림과 같이 4조각으로 이루어진 T퍼즐 도안을 인쇄하여 준비합니다(원목으로 만들어진 T퍼즐 제품을 이용해도 좋습니다). 준비한 T퍼즐 도안을 실선을 따라 네 조각으로 자릅니다. 단 4개의 조각만으로도 다양한 모양을 만들 수 있습니다.

네 조각으로 이루어진 T퍼즐

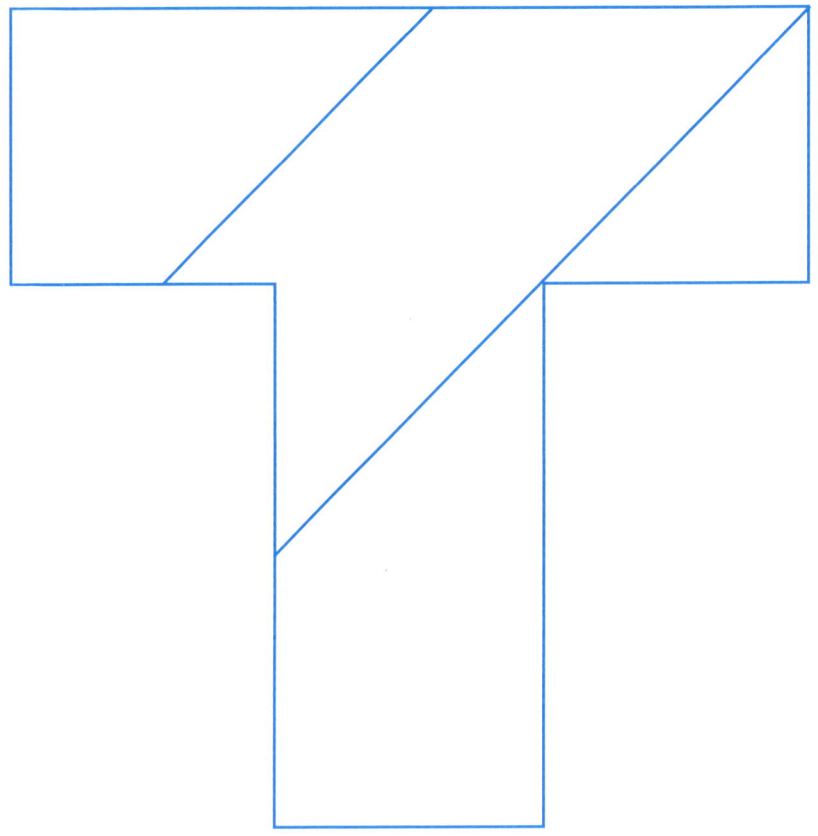

How | 방법

◇ 앞의 도안을 아래처럼 나누어지지 않은 형태로 인쇄하여 활용하면 좀 더 쉽게 접근할 수 있습니다. 아이에게 도안 위에 직접 조각을 놓으며 T자 모양을 완성해보도록 유도해주세요.

◇ 아이가 도안을 보고도 모양 만들기에 어려움을 겪는다면, 힌트를 주세요. 예를 들어, 불규칙하게 생긴 오각형 조각의 움푹 들어간 홈에 딱 맞는 조각이 없다는 사실을 알려주세요.

T 퍼즐이 어려운 이유는 많은 아이들이 이 움푹 들어간 부분을 먼저 채우려고 하다가 조각이 잘 맞지 않아 혼란을 겪기 때문입니다.

하지만 실제로는, 불규칙한 오각형 조각이 대각선 방향으로 놓여야 한다는 점이 핵심입니다. 우리의 예상과는 다른 방식이지요.

◇ T자 모양을 완성했다면, 아이와 함께 다양한 모양 만들기에 도전해보세요.

T자 모형으로 만들 수 있는 다양한 모양

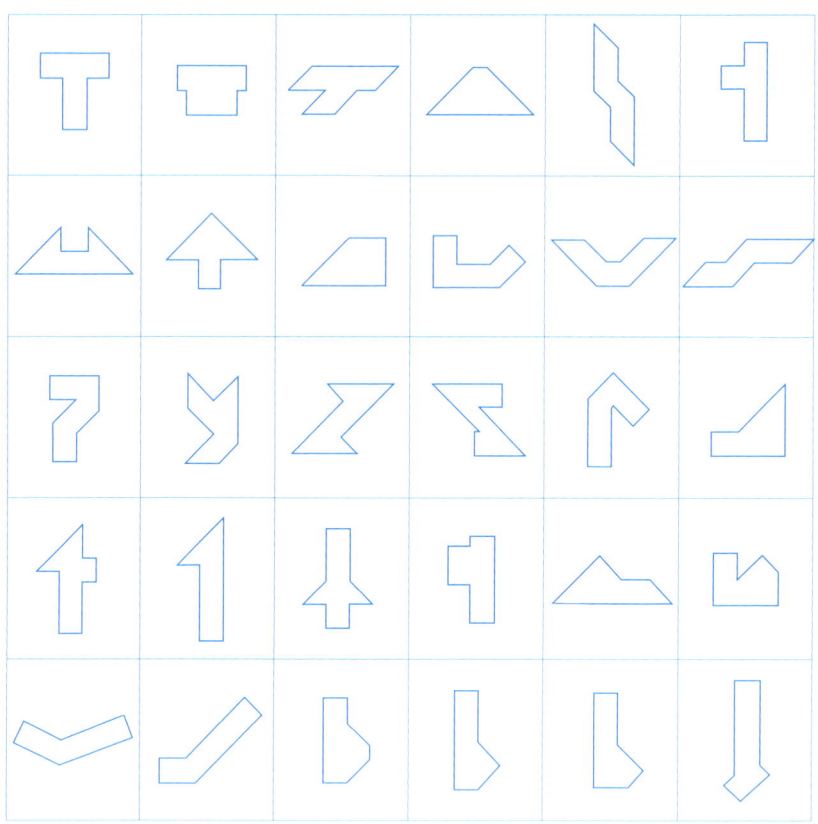

More ideas | 한 걸음 더 나아가기

◇ 네 조각으로 이루어진 T퍼즐에서 한 걸음 더 나아간 퍼즐을 소개합니다. 다섯 조각으로 이루어진 F퍼즐입니다. F퍼즐의 핵심도 불규칙하게 생긴 육각형 조각에 있습니다. 이 조각의 긴 부분을 대각선 방향으로 놓아야 F자 모양을 만들 수 있습니다.

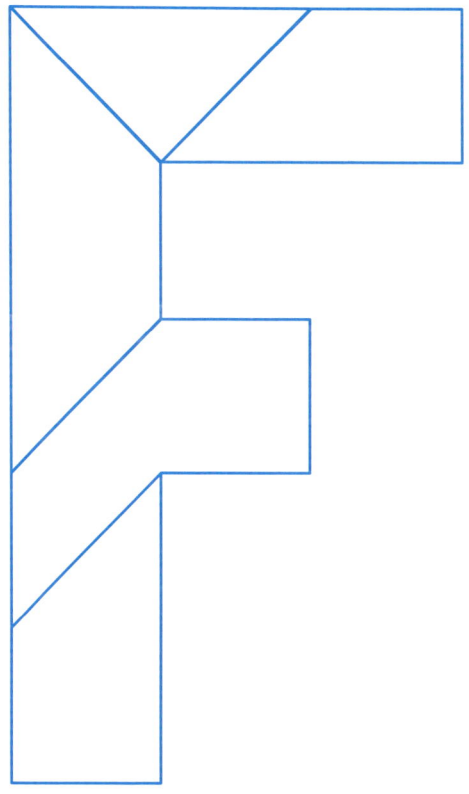

◇ F자 모양을 만들었다면 아이와 함께 다음과 같은 다양한 모양 만들기 활동에도 도전해보세요.

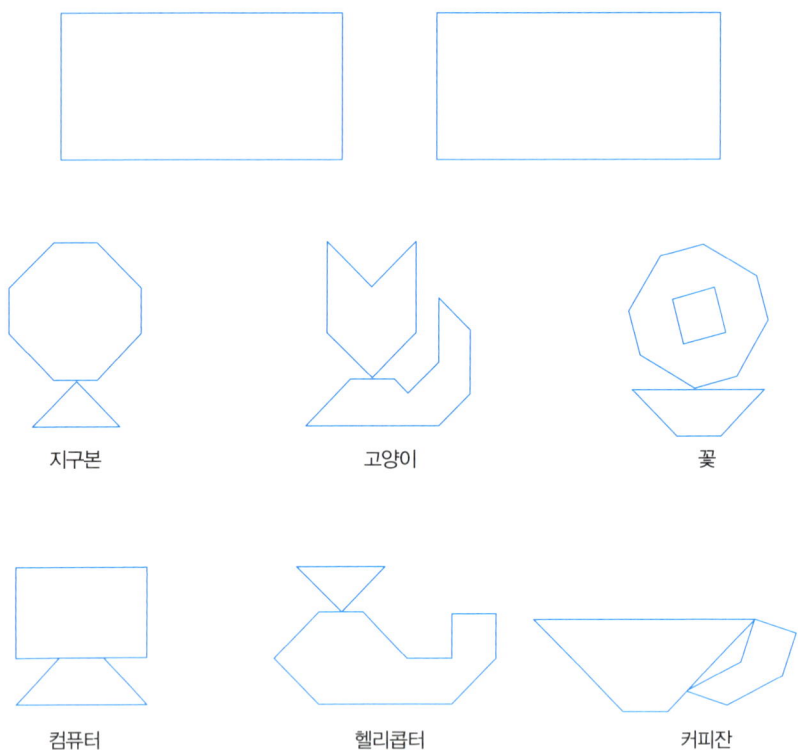

수학적 사고력 기르기 활동
3. 약속 파악하기

활동 1
빈칸 채우기 퍼즐

Why | 활동 목적

1부터 5까지의 숫자를 빈칸에 넣어 일정한 조건을 만족시키는 활동입니다. 다양한 시도를 통해 답을 찾는 과정에서, 아이는 제시된 상황을 이해하고 문제 해결에 필요한 핵심 개념을 파악하는 방법을 배웁니다. 또한 답을 찾는 과정 속에서 자연스럽게 계산 실력도 함께 길러집니다.

Tools | 준비물

1부터 5까지의 숫자 카드, 칠판과 분필 또는 화이트보드와 보드용 펜, 종이와 연필

How | 방법

◇ 아래 그림을 종이나 칠판에 그려 아이에게 보여주세요. 두 개의 줄 위이 있고, 각 줄에는 3개의 숫자가 들어갑니다. 줄 위에 있는 세 수의 합이 같도록 빈칸에 1부터 5까지의 숫자를 넣는 퍼즐입니다. 아이가 직접 써 넣거나 숫자카드를 붙여보며 답을 찾아보도록 해주세요.

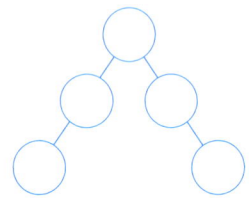

◇ 두 줄 위의 수들의 합이 같아질 때, 그 합은 얼마이고, 가운데 들어가는 수는 얼마인가요? (예시 1처럼 숫자를 놓으면 두 줄 위의 합은 9이고, 가운데 수는 3입니다. 가운데 놓인 수를 제외하면 같은 줄에 있는 수들의 위치는 바뀔 수 있습니다.)

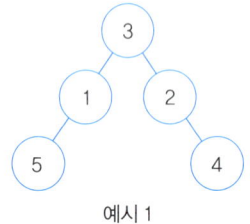

예시 1

◇ 줄 위의 숫자를 4개로 늘리고, 1부터 7까지 수를 사용하여 각 줄의 합이 같게 하려면 어떻게 해야 할지 예상해보게 하세요. (예시 2처럼 놓으면 각 줄의 합은 16이고, 가운데 수는 4입니다. 가운데 수를 제외한 나머지 수들의 위

치는 바뀔 수 있습니다.)

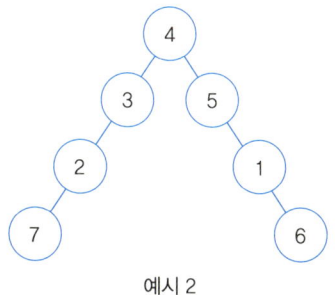

예시 2

More ideas | 한 걸음 더 나아가기

◇ 줄 위의 숫자를 5개, 6개로 점점 늘려 가면, 1부터 얼마까지의 수를 넣어야 할까요? 줄 위의 숫자 개수와 넣어야 할 수의 범위 사이에 어떤 관계가 있는지도 알아보세요.

줄 위의 숫자를 1개씩 늘릴 때마다, 넣어야 하는 수는 2씩 늘어납니다.

- 줄 위 숫자 3개 ⇨ 1부터 5까지
- 줄 위 숫자 4개 ⇨ 1부터 7까지
- 줄 위 숫자 5개 ⇨ 1부터 9까지

◇ 줄 위에 있는 숫자가 100개라면, 넣어야 하는 수 중 가장 큰 수는 얼마일까요? (199입니다.)

> **활동 2**
> # 3×3 빈칸 채우기 퍼즐

Why | 활동 목적

빈칸에 적절한 수를 넣어 일정한 조건을 만족시키는 활동입니다. 다양한 시도를 통해 답을 찾아가는 과정에서 아이는 제시된 상황을 이해하고, 문제 해결의 핵심 개념을 파악하는 힘을 기를 수 있습니다. 답을 찾아가는 동안 자연스럽게 계산 실력도 함께 키워집니다.

Tools | 준비물

3×3 빈칸 채우기 퍼즐 활동지, 연필, 지우개

How | 방법

◇ 3×3 정사각형을 활용한 빈칸 채우기 퍼즐(그림 1) 활동입니다.

그림 1

➡ 그림 1을 제시하고 작은 정사각형 4개로 이루어진 2×2 정사각형이 몇 개인지 찾아보게 하세요. (정답은 4개입니다.)

➡ 예시 1을 제시하며 퍼즐의 규칙을 설명해주세요.

"2×2 정사각형 안에 들어 있는 네 수의 합이 10이 되도록 빈칸에 알맞은 수를 넣어보세요."

7	1	3
1	1	5
6	2	2

5	2	3
1	2	3
7	0	5

9	1	8
0	0	1
6	4	5

예시 1

➡ 음의 정수에 대해 알고 있는 아이라면, 음수도 포함된 예시 2를 보여주어도 좋습니다.

11	-1	3
0	0	8
-3	13	-11

10	3	-4
-4	1	10
12	1	-2

예시 2

➡ 3×3 정사각형 안에는 4개의 2×2 정사각형이 포함되어 있습니다. 2×2 정사각형 안의 수의 합이 10이 되도록 빈칸에 알맞은 수를 넣어 보게 하세요. 문제를 푼 후에는 주어진 조건을 잘 지켜 빈칸을 채웠는지 스스로 확인하게 하세요.

➡ 아이가 퍼즐의 규칙에 충분히 익숙해졌다면, 4개의 수가 미리 주어진 그림 2를 제시해서 나머지 빈칸을 채워보게 하세요.

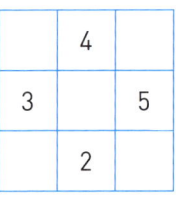

그림 2

다음과 같은 다양한 답을 찾을 수 있습니다.

3	4	1
3	0	5
5	2	3

4	4	2
3	-1	5
6	2	4

1	4	-1
3	2	5
3	2	1

More ideas | 한 걸음 더 나아가기

◇ 수를 모두 넣어 완성한 3×3 정사각형을 보고, 어떤 특별한 규칙이 있는지 찾아보게 하세요. (첫째 행 가장 왼쪽 수와 셋째 행 가장 오른쪽 수를 더한 값과, 첫째 행 가장 오른쪽 수와 셋째 행 가장 왼쪽 수를 더한 값이 같습니다.)

◇ 그림 2에서 첫째 행 가장 왼쪽 정사각형에 들어가는 수와 셋째 행 가장 오른쪽 정사각형에 들어가는 수는 같습니다. 왜 그런지 이유를 생각해 보게 하세요.

(아래 그림에서 왼쪽 위 2×2 정사각형에 들어가는 수를 모두 더한 값과 오른쪽 아래 2×2 정사각형에 들어가는 네 수를 모두 더한 값은 10이 되어야 합니다. 즉, ■+4+3+●=●+5+2+▲=10이므로, ■+●=●+▲=3입니다. ●에 ■를

더한 값이 ●에 ▲를 더한 값과 같으므로 ■과 ▲는 같을 수밖에 없습니다.)

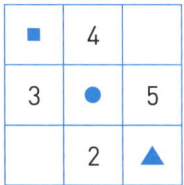

> **활동 3**
> **4개의 4로 만드는 계산식**

Why | 활동 목적

이 활동은 'Four 4's(네 개의 4)'라는 이름으로 널리 알려져 있습니다. 주어진 숫자(여기서는 4)를 네 번 사용하여 다양한 수를 만들어내는 활동으로, 제한된 조건 안에서 체계적으로 수식을 만들어야 하므로, 이항 연산에 대한 깊은 이해, 논리적 사고력, 수의 성질과 연산 관계에 대한 탐색 능력이 자연스럽게 향상됩니다. 목표 숫자를 만들기 위해 다양한 시도를 반복하면서 실패를 극복하는 도전 의식을 갖게 됩니다.

Tools | 준비물
종이와 연필

How | 방법

◇ 덧셈, 뺄셈, 곱셈, 나눗셈 괄호가 섞여 있는 혼합 계산식의 순서를 알려 주세요.

➡ 덧셈과 뺄셈이 섞여 있는 식은 왼쪽부터 차례대로 계산합니다.

➡ 곱셈과 나눗셈이 섞여 있는 식도 왼쪽부터 차례대로 계산합니다.

➡ 덧셈과 뺄셈, 곱셈과 나눗셈이 섞여 있을 경우, 곱셈과 나눗셈을 먼저 계산합니다.

➡ 괄호가 있는 식은 괄호 안을 먼저 계산합니다.

◇ 사칙연산(+, -, ×, ÷)과 괄호를 활용하여 4개의 4를 이용해서 1부터 10까지의 수를 만들어보게 하세요.

◇ 반드시 4개의 4를 모두 사용해야 하며, 두 개의 4로 44를 나타내도 괜찮습니다.

Examples | 예시

◇ 4개의 4를 이용해서 다음과 같이 계산 결과가 1, 2, 3이 나오는 식을 만들 수 있습니다.

- $44 \div 44 = 1$ | $(4 \div 4) \times (4 \div 4) = 1$ | $(4 \div 4) + 4 - 4 = 1$
- $4 \div 4 + 4 \div 4 = 2$
- $(4 + 4 + 4) \div 4 = 3$

More ideas | 한 걸음 더 나아가기

◇ 4 이외의 다른 숫자를 이용해 1부터 10까지 나오는 식을 만든 후, 계산 결과로 나올 수 있는 수 중 가장 큰 수는 얼마인지 스스로 조사해보게 하세요. 다음은 4개의 3으로 1부터 10까지 만든 예입니다.

수	계산식	Key Point
1	1=33÷33=3÷3+3−3=(3÷3)×(3÷3)	
2	3÷3+3÷3	1+1
3	(3+3+3)÷3	9÷3, 3+0
4	(3×3+3)÷3	12÷3
5	3+3−3÷3	6−1
6	(3+3)×3÷3	
7	3+3+3÷3	6+1
8	3×3−3÷3	9−1
9	3×3×3÷3	
10	3×3+3÷3	9+1

◇ 아이의 수학 연산에 대한 지식이 더 많아지면, 사칙연산만이 아니라 계승(!), 제곱근(√), 거듭제곱 등을 활용하여 다양한 식을 만들 수 있습니다.

> **활동 4**
> **사과는 얼마일까요?**

Why | 활동 목적

이 활동에서 제시하는 문제는 본문의 '약속 이해하기 연습: 빈칸 채우기'와 비슷합니다. '과일'이라는 친숙한 소재를 활용하여, 아이들이 미지수를 나타내는 기호라는 개념에 익숙해지도록 돕습니다. 각 과일의 값을 구하는 과정 속에서 여러 가지 방법을 시도할 수 있습니다. 또한 단순히 주어진 문제를 해결하는 것에 그치지 않고 스스로 문제를 만들어보게 함으로써 아이들이 능동적으로 활동에 참여하게 합니다.

Tools | 준비물

과일 가게 활동지(1, 2), 연필

How | 방법

◇ 과일 가게 활동지 1을 한 장씩 나눠주고 다음과 같이 과제를 제시하세요. "○○이가 오늘 과일 가게 주인이에요. 첫 번째 그림처럼 과일을 진열했어요. 가로, 세로에 적힌 숫자는 각 과일 값을 더한 값이에요. 그런데 손님이 와서 '사과 하나가 얼마인가요?' 하고 물어보네요. 사과는 얼마일까요? 다른 과일은요?"

◇ 첫 번째 그림을 보고 문제를 파악할 수 있도록 아이에게 충분한 시간을 주세요. 그런 다음, 사과와 다른 과일의 값을 어떻게 구할 수 있을지 살

펴보게 하세요.

◇ 이야기 방법을 찾지 못하면 "이 문제는 여러 가지 다른 방법으로 풀 수 있어요. 찬찬히 생각하면 답을 찾을 수 있어요"라고 긍정적으로 격려해 주세요.

◇ 아이가 이야기한 방법대로 답을 찾아보게 하고, 그 답이 맞는지 스스로 확인하게 하세요.

◇ 답을 찾았든 찾지 못했든 상관없이 과일 가게 활동지 2를 활용해서 다양한 풀이 방법을 알아보고 자신의 방법과 비교하게 하세요.

Examples | 예시

◇ 오른쪽 그림은 과일 가게 활동지 2의 그림 1입니다.
◇ 사과와 바나나를 한 묶음으로 봤을 때의 값은 얼마인지 물어보세요.
◇ 가로줄과 세로줄에 있는 과일의 종류와 개수를 비교해보게 하세요. 가로줄과 세로줄의 합의 차이는 얼마인지 물어보세요. 그런 다음 합의 차이가 어떤 과일 때문인지 물어보세요.

과일 가게 활동지 1

◇ 아래 그림에 있는 과일들은 각각 1에서 10 사이의 어떤 수를 나타냅니다. 각 가로줄과 세로줄의 값은 해당 줄에 있는 과일들의 값을 모두 더한 것입니다. 물음표가 있는 네모 안에 들어갈 수는 얼마일까요? 또, 각각의 과일 값은 얼마일까요?

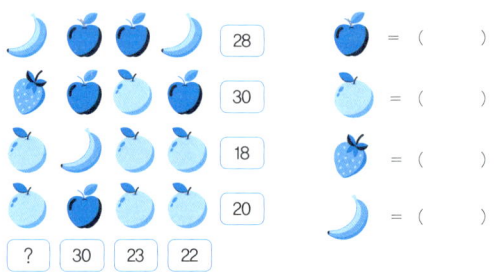

◇ 이번에는 친구나 가족이 풀어볼 수 있는 문제를 직접 만들어봅시다. 우선, 각 과일마다 1에서 10 사이의 숫자 중 하나를 정하세요. 아래 그림에서 가로줄과 세로줄의 합을 계산하여 빈칸을 채우고 자신만의 문제를 만들어보세요. 친구와 바꿔서 서로의 문제를 풀어보세요. .

과일 가게 활동지 2

◇ 다음 그림들은 과일 가게 활동지 1의 첫 번째 그림의 일부입니다. 그림에서 무엇을 알 수 있나요? 그림 1의 '알 수 있는 사실'을 참고하여 그림 2~5를 아이들과 채워보세요.

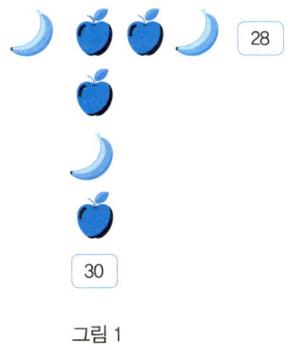

그림 1

알 수 있는 사실

◇ 바나나 2개, 사과 2개의 합이 28이므로 바나나 1개와 사과 1개의 합은 14입니다.

◇ 사과 3개와 바나나 1개의 합이 30입니다. 여기에서 사과 1개와 바나나 1개를 빼면, 사과 2개의 합은 16입니다.
따라서 사과 1개의 값은 8입니다.

그림 2

알 수 있는 사실

그림 3

알 수 있는 사실

그림 4

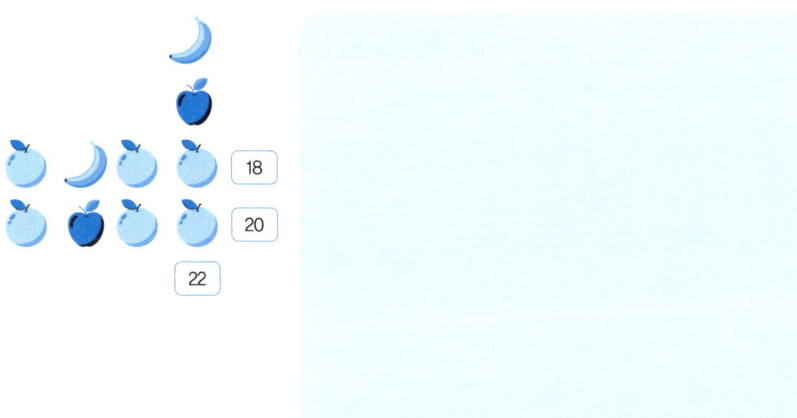

알 수 있는 사실

그림 5

알 수 있는 사실

> 수학적 사고력 기르기 활동
>
> # 4. 분석하기

활동 1
사탕 줍기 게임 1

Why | 활동 목적

어른과 아이가 함께 즐길 수 있는 2인용 게임을 소개합니다. 님NIM 게임이라고 부릅니다. 님NIM은 영어 단어 WIN(이기다)을 거꾸로 쓴 것에서 유래되었다고 합니다. 또는 '가져간다'라는 뜻의 옛날 영어 'nim'이나 독일어 'nimm'에서 비롯되었다고도 합니다.

님 게임에서 이길 수 있는 가장 확실한 방법은 상대의 움직임을 잘 관찰하고, 논리적으로 생각하여 최선의 전략을 세우는 것입니다. 분석적 사고가 필요한 게임이지요. 게임을 하면서 아이들은 자연스럽게 상황을 분석하고 승리 전략을 세웁니다. 그 과정에서 논리적 사고력과 수학적 사고력이 자연스럽게 길러지죠. 재미있는 승패 게임이니, 필승의 전략을 찾으며 수학적 사고력을 자연스럽게 키울 수 있는 좋은 경험이 될 것입니다.

Tools | 준비물

사탕, 초콜릿, 동전, 바둑돌 등 같은 종류의 물건 9개

How | 방법

❶ 두 사람 중 누가 먼저 시작할지 정하고, 9개의 사탕을 다음과 같이 3줄로 배치합니다.

❷ 두 사람은 번갈아 가며 차례로 사탕을 가져갑니다. 같은 줄에 있는 사탕은 마음껏 가져갈 수 있고, 다른 줄에 있는 사탕을 함께 가져갈 수는 없습니다.

❸ 마지막으로 사탕을 가져가는 사람이 지는 게임입니다.

◇ 누가 먼저 시작하는지가 중요할까요?

　➡ 매우 중요합니다. 먼저 시작하는 사람이 실수만 하지 않는다면 항상 이길 수 있습니다.

◇ 한 번에 4개의 사탕을 가져가도 되나요?

　➡ 가능합니다. 3번째 줄에는 4개의 사탕이 있습니다. 이 사탕을 한 번

에 가져갈 수 있습니다. 그러나 서로 다른 두 줄에서 사탕을 가져가면 안 됩니다.

◇ 이 게임의 핵심 전략은 무엇입니까?
➡ 다음과 같은 상태로 남겨서 상대에게 넘겨주면, 이길 수 있습니다.

◇ 처음 시작하는 사람이 게임에서 이기기 위해서는 어떻게 해야 하나요?
➡ 먼저 시작하고 4개가 있는 줄에서 3개를 가져가면 상대를 불리한 상황으로 몰아 이길 수 있습니다.

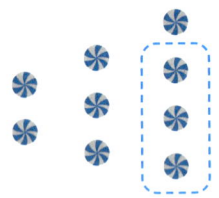

◇ 항상 이기는 방법을 찾을 때까지 게임을 반복한 다음, 어떻게 찾았는지 함께 이야기해보세요. 게임 진행 과정을 녹화해 돌려보면서, 승부를 가르는 중요한 순간을 함께 찾아봅시다.

More ideas | 한 걸음 더 나아가기

◇ 사탕의 개수를 조절해 좀 더 복잡한 게임을 진행할 수 있습니다. 가령, 3줄에 놓는 사탕의 수를 3개, 4개, 5개로 조금 늘리는 것입니다. 이렇게 게임을 변형해도 지금 살펴본 3줄 9개의 사탕으로 한 게임을 제대로 분석하고 이기는 방법을 확실하게 파악했다면, 충분히 게임을 전략적으로 풀어나갈 수 있습니다.

◇ 사탕의 수를 조정했을 때 항상 이기는 필승의 방법을 파악해보세요.

활동 2
사탕 줍기 게임 2

Why | 활동 목적

어른과 아이가 함께 즐길 수 있는 또 하나의 2인용 게임을 소개합니다. 역시 '님NIM 게임'의 일종입니다. 첫 번째 게임과 마찬가지로 이기는 방법을 생각하기 위해 관찰하고 논리적으로 따져보는 등의 분석이 필요합니다. 재미있게 게임을 즐기면서 자연스럽게 수학적 사고력을 키울 수 있는 좋은 활동입니다.

Tools | 준비물

사탕이나 초콜릿, 동전, 바둑돌 등 똑같은 물건 여러 개

How | 방법

❶ 두 사람 중 누가 먼저 시작할지 정한 뒤, 탁자 위에 일정 수의 사탕을 놓습니다. 가령, 13개의 사탕을 놓는다고 가정해보겠습니다. (이번에는 줄을 맞춰 사탕을 놓는 것이 아니라, 탁자에 사탕을 흩트려놓습니다.)

❷ 두 사람이 번갈아 가며 사탕을 가져갑니다. 단, 한 번에 가져갈 수 있는 수는 1개 또는 2개입니다. 그리고 맨 마지막 사탕을 가져가는 사람이 지는 겁니다.

❸ 처음에는 게임의 규칙을 익히기 위해 11개나 13개처럼 작은 수로 시작하고, 익숙해지면 25개, 31개처럼 사탕의 수를 늘려가며 도전해보세요.

◇ 먼저 하는 사람이 유리한가요?
➡ 사탕의 개수에 따라 다릅니다. 어떤 수에서는 먼저 하는 것이 유리하고, 어떤 수에서는 불리할 수 있습니다.

◇ 이기는 전략은 무엇인가요?
➡ 사탕을 3개씩 묶어서 생각해보세요.

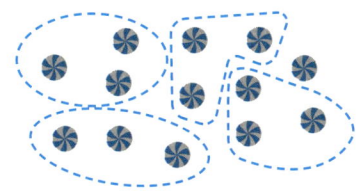

➡ 1개 또는 2개의 사탕을 가져갈 수 있기 때문에, 3개씩 묶은 덩어리 속에서 상대가 1개를 가져가면 내가 2개를, 상대가 2개를 가져가면 내가 1개를 가져가는 것을 생각할 수 있습니다.

➡ 지금과 같은 상황에서는 나중에 시작해서 상대에게 하나의 사탕을 남겨주면 상대는 어쩔 수 없이 마지막 사탕을 잡아야 하기 때문에 내가 승리할 수 있습니다.

More ideas | 한 걸음 더 나아가기

◇ 처음에서 작은 수의 사탕으로 시작해서, 점차 개수를 늘려보세요.

◇ 사탕 대신 달력을 이용해서 게임을 할 수도 있습니다. 1일부터 시작해서 숫자 1개 또는 2개를 지우는 방식으로 해보세요. 달력의 맨 마지막 숫자를 지우는 사람이 지는 것으로 하면 됩니다.

◇ 사탕을 직접 가져가는 대신 말로 하는 게임도 가능합니다. 2명이 번갈아 가며 1에서부터 수를 1개 또는 2개 말하는 거죠. 가령, 31을 말하는 사람이 지는 식으로 진행하면 됩니다.

활동 3
숫자 틱택토 Tic Tac Toe 게임

Why | 활동 목적

틱택토Tic Tac Toe 게임은 가장 단순한 형태의 게임입니다. 2명이 하는 게임이고 한 명은 O, 한 명은 X을 선택합니다. 그리고 다음과 같은 9개의 칸에 O, X을 번갈아 가며 넣어서 가로, 세로, 대각선 중 가장 먼저 한 줄을 완성하는 사람이 이기는 게임입니다. 틱택토 게임을 O, X가 아닌 1에서 9까지의 숫자를 이용하여 진행하는 것이 숫자 틱택토 게임입니다. 가로, 세로, 대각선의 합이 15가 되면 빙고입니다. 빙고를 먼저 만드는 사람이 이기는 것으로 해도 좋고, 9개의 수를 모두 채운 후에 빙고를 더 많이 만든 사람이 승리하는 것으로 규칙을 정해도 좋습니다.

상황을 분석하는 능력을 키울 수 있고, 수의 덧셈을 통해 수 감각을 익힐 수도 있는 좋은 게임입니다.

Tools | 준비물

3×3의 칸이 그려진 게임판, 1부터 9까지 숫자

홀수와 짝수의 색깔이 구분되어 있으면 더 좋습니다.

How | 방법

◇ 두 사람이 3×3 판에 번갈아 가며 숫자를 놓는 게임입니다.
◇ 한 사람은 1부터 9까지의 '홀수' 숫자를, 다른 사람은 2에서 8까지 중 '짝수' 숫자를 갖습니다.
◇ 두 사람은 가로, 세로, 대각선의 합이 15가 되도록 번갈아 가며 숫자를 놓습니다.
◇ 합이 15가 되는 줄을 만들면 점수를 얻습니다. 때때로 자신과 상대방의 숫자를 활용해 한 번에 두 줄 이상 만들 수 있습니다.
◇ 홀수를 갖는 사람이 먼저 시작합니다.
◇ 공평한 게임이 되도록 홀수와 짝수를 번갈아 가집니다. 예를 들어 한 사람이 세 번 '홀수'를 갖고 게임을 했다면, 다음 세 번은 '짝수'를 가져야 합니다.
◇ 홀수와 짝수, 어느 쪽으로 게임해야 이기기 더 쉬울까요?

More ideas | 한 걸음 더 나아가기

◇ 틱택토 게임과 숫자 틱택토 게임은 어떤 점이 비슷하고 어떤 점에서 차이가 있나요?
◇ 숫자 틱택토 게임을 변형하여 좀 더 어려운 게임을 만든다면 어떤 것이 가능할까요?

활동 4
스도쿠

Why | 활동 목적

스도쿠는 주어진 숫자들을 이용해 빈칸에 어떤 숫자가 들어가야 할지 추론하는 게임입니다.

규칙에 따라 가능한 숫자를 좁혀 나가는 과정에서 여러 가지 가능성을 고려하고, 하나하나 확인해야 합니다.

처음에는 답을 찾기 어렵지만, 체계적으로 문제를 해결하는 방법을 배울 수 있습니다. 이런 단계적인 접근법은 방정식이나 여러 수학 문제를 풀 때에도 큰 도움이 됩니다.

Tools | 준비물

4×4 스도쿠 활동지, 9×9 스도쿠 활동지, 종이와 연필

How | 방법

◇ 스도쿠 규칙은 다음과 같습니다.
  ➡ 각 가로줄과 세로줄에는 1, 2, 3, 4가 한 번씩만 들어갑니다.
  ➡ 굵은 선으로 나눠진 네 부분에도 1, 2, 3, 4가 한 번씩만 들어갑니다.
◇ 규칙에 따라 빈칸을 어떤 숫자가 들어가야 할지 생각하여 채웁니다.

Examples | 예시

다음과 같은 4×4 스도쿠가 주어졌을 때, 빈칸을 채우는 방법입니다.

4			2
3		4	
			3
2	3		

❶ 가장 왼쪽 세로줄 빈칸에는 1이 들어갑니다.

4			2
3		4	
1			3
2	3		

❷ 굵은 선으로 나누어진 왼쪽 아래 사각형의 빈 자리에 4가 들어갑니다.

4			2
3		4	
1	4		3
2	3		

❸ 스도쿠 규칙을 따라 나머지 빈칸을 채워 넣으면 다음과 같이 완성할 수 있습니다.

4	1	3	2
3	2	4	1
1	4	2	3
2	3	1	4

More ideas | 한 걸음 더 나아가기

◇ 아이와 함께 직접 스도쿠 문제를 만들어 풀어보세요.
◇ 4×4 스도쿠가 익숙해지면 좀 더 큰 스도쿠에 도전해보세요. 9×9 스도쿠 게임이 온라인 게임이나 퍼즐책으로 많이 나와 있습니다.

수학적 사고력 기르기 활동
5. 비교하기

활동 1
모눈종이 이용해서 넓이 구하기

Why | 활동 목적

모눈종이에 다양한 도형을 그리고 그 안에 들어가는 단위 정사각형의 개수를 세어보며 넓이의 개념을 익히는 활동입니다. 이를 통해 단위 길이와 단위 넓이 사이의 관계를 자연스럽게 이해할 수 있습니다.

Tools | 준비물

모눈종이, 자, 연필

How | 방법

◇ 길이의 단위 1cm를 제시하고 넓이의 단위 1제곱센티미터를 정합니다.

➡ 넓이의 단위는 길이 단위를 한 변으로 하는 정사각형으로 약속합니다.
➡ 한 변의 길이가 1cm인 정사각형의 넓이는 1cm²라고 쓰고 '1제곱센티미터'라고 읽습니다.

◇ 모눈종이에 도형을 그리고 그 안에 포함된 정사각형의 개수를 세어 넓이를 구합니다.

Examples | 예시

◇ 다음 모눈종이에서 작은 정사각형 1개의 넓이를 단위 넓이 1이라고 할 때, 색칠된 도형의 넓이를 구하세요.

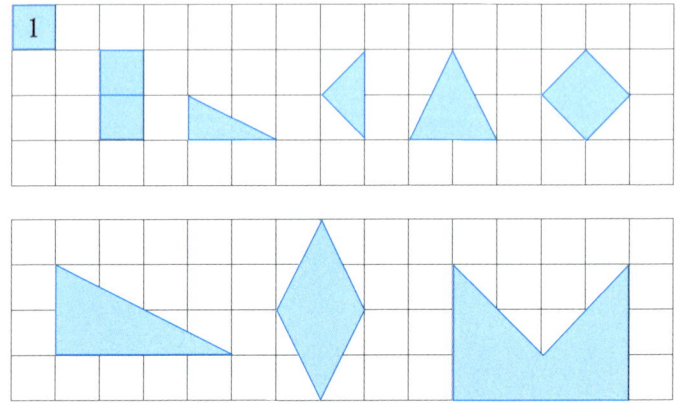

More ideas | 한 걸음 더 나아가기

◇ 다양한 모양을 그리고 모눈종이를 이용해서 넓이를 구한 후에는 정해진 넓이를 갖는 도형을 그려보게 하세요. 예를 들어, 넓이가 24인 여러 가지 직사각형을 다음과 같이 그려볼 수 있습니다.

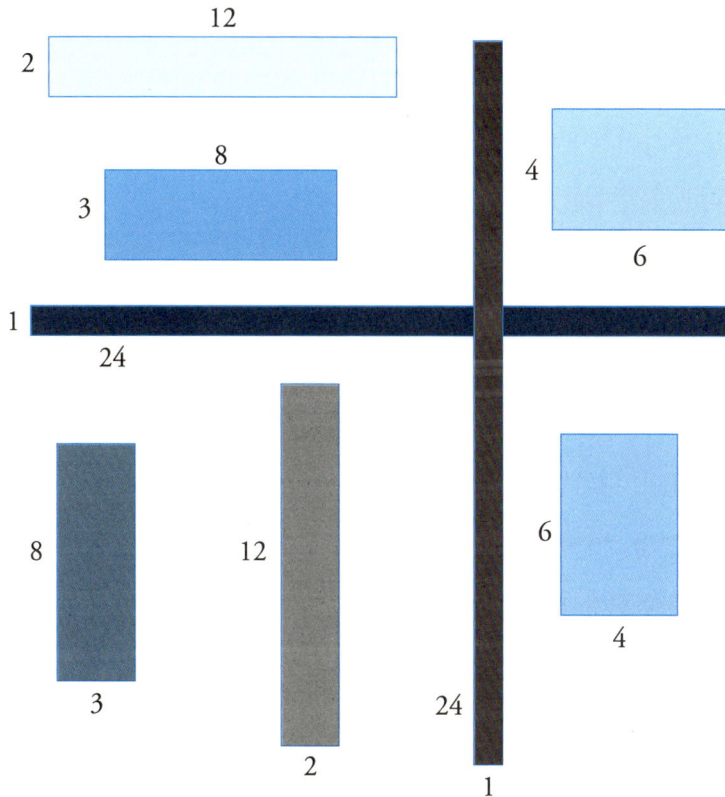

활동 2
모눈종이 이용해서 정사각형 그리기

Why | 활동 목적

모눈종이를 이용해서 다양한 넓이를 갖는 정사각형을 그려보는 활동입니다. 정사각형은 네 변의 길이와 네 각의 크기가 같은 도형이라는 개념과 함께 넓이의 개념도 익힐 수 있습니다. 더 나아가 정사각형의 한 변의 길이와 넓이 사이의 관계를 탐구하면서 제곱수 및 제곱근 개념도 자연스럽게 파악하게 됩니다.

Tools | 준비물

정사각형 그리기 활동지, 모눈종이, 연필

How | 방법

◇ 정사각형의 정의를 알려주세요.
　➡ 네 변의 길이가 같고, 네 각의 크기가 같은 도형을 정사각형이라고 합니다.
◇ 정사각형 그리기 활동지에 주어진 선분을 이용해서 정사각형을 그리고, 그 넓이를 구합니다.
◇ 모눈종이를 이용해 다양한 넓이를 갖는 정사각형을 그리고, 정사각형의 한 변의 길이와 넓이 사이에 어떤 관계가 있는지 생각해보게 하세요.

Examples | 예시

◇ 다음 그림과 같이 넓이가 5인 정사각형을 그릴 수 있습니다.

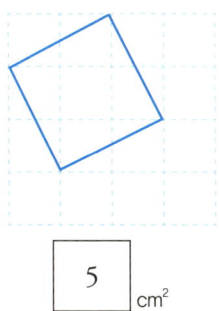

◇ 정사각형의 넓이를 어떻게 구했는지 설명하게 하세요.

(빨간 정사각형 바깥에 있는 큰 정사각형의 넓이는 9이고, 그 주변을 둘러싼 넓이가 1인 4개의 삼각형을 빼어 구합니다. $9-1 \times 4 = 5$)

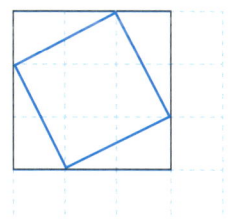

More ideas | 한 걸음 더 나아가기

◇ 한 변의 길이가 1, 2, 3, 4인 정사각형의 넓이는 각각 1, 4, 9, 16입니다. 이 사실로부터 무엇을 알 수 있는지 생각해보게 하세요.

(정사각형의 넓이는 한 변의 길이의 제곱입니다.)

◇ 넓이가 5인 정사각형의 한 변의 길이는 얼마인지 생각해보게 하세요.

(제곱하면 5가 되는 수, 즉 $\sqrt{5}$입니다.)

정사각형 활동지

◇ 다음 한 변의 길이가 1cm인 모눈 위에 주어진 선분을 한 변으로 하는 정사각형을 그리고 그 넓이를 구하세요.

활동 3
전체와 부분 - 분수 익히기

Why | 활동 목적

직접 도형을 나누어 보고 그 일부를 분수로 표현하는 활동입니다. 이 활동을 통해 도형을 같은 크기로 나누는 '등분'의 개념을 익히고, 부분이 전체에서 어느 정도를 차지하는지를 분수로 나타낼 수 있게 됩니다.

Tools | 준비물

분수 익히기 활동지, 연필, 자, 색연필

How | 방법

◇ 분수의 뜻을 알려주세요.
➡ 전체를 똑같이 ○개로 나눈 것 중 △개를 분수로 나타내면 '△/○'라고 쓰고, '○분의 △'라고 읽습니다. 이때 전체를 똑같이 나눈 수 ○를 '분모'라고 하고, 일부인 △를 '분자'라고 합니다.
◇ 분수 익히기 활동지 1에 주어진 도형을 크기가 같은 조각으로 나누고, 주어진 분수를 나타내도록 부분을 색칠하게 하세요.
◇ 분수 익히기 활동지 2에 주어진 도형을 크기가 같은 조각으로 나누고, 색칠된 부분이 전체 중 얼마인지 분수로 나타내게 하세요.

Examples | 예시

◇ 정육각형을 6조각으로 나누고 $\frac{2}{6}$를 나타내도록 색칠을 한다면 다음과 같습니다.

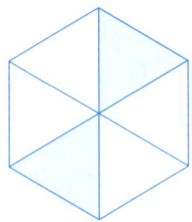

◇ 다음 정삼각형의 색칠된 부분이 전체의 얼마인지 알아내려면 먼저 선을 그어 모양과 크기가 같은 조각으로 나눕니다. 전체 조각의 개수를 분모에, 색칠된 부분을 이루는 조각의 개수를 분자에 써줍니다.

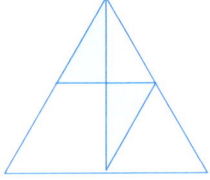

◇ 전체 조각이 8개이고 색칠된 부분이 2개라면, 색칠된 부분이 나타내는 분수는 $\frac{2}{8}$입니다.

분수 익히기 활동지 1

◇ 다음 도형을 주어진 조각만큼 모양과 크기가 같게 나누고, 주어진 분수만큼 색칠하세요.

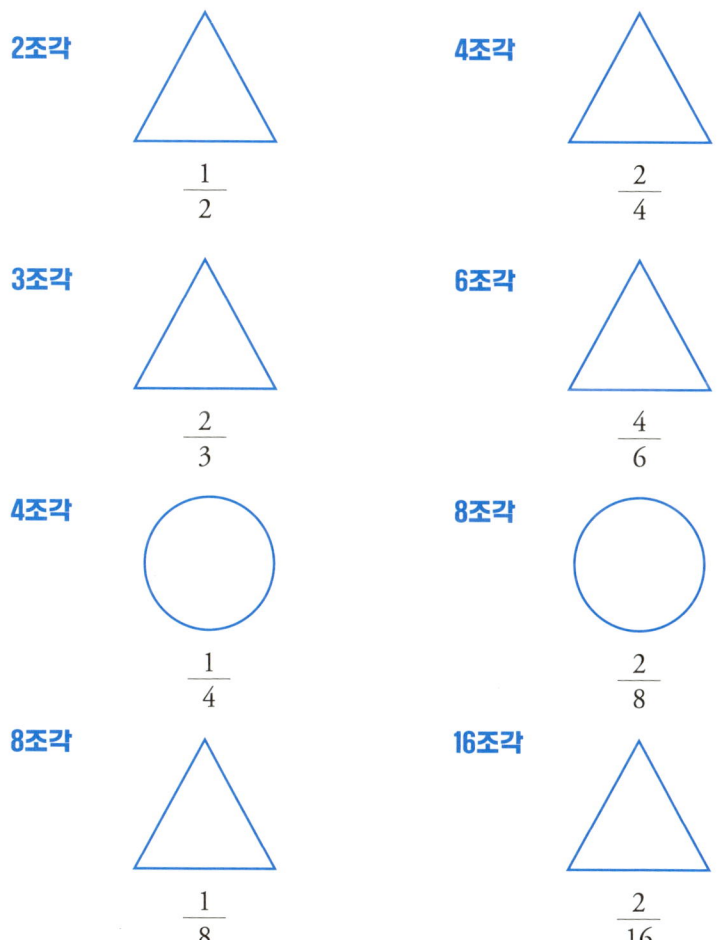

분수 익히기 활동지 2

◇ 다음 그림은 정삼각형을 모양과 크기가 같은 조각으로 나눈 것입니다. 색칠된 부분을 분수로 나타내세요.

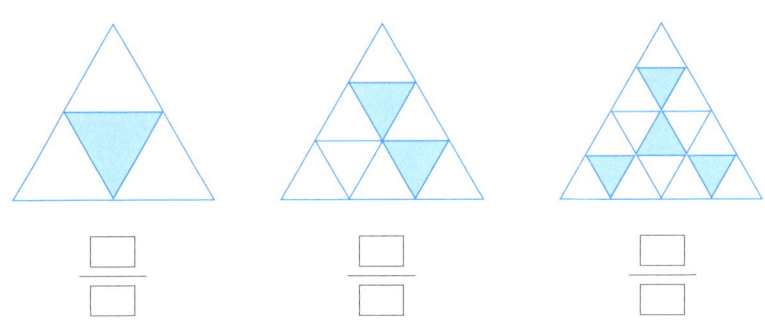

◇ 다음 그림은 정육각형을 나눈 조각입니다. 모양과 크기가 같은 작은 조각으로 나누고 색칠된 부분을 분수로 나타내세요.

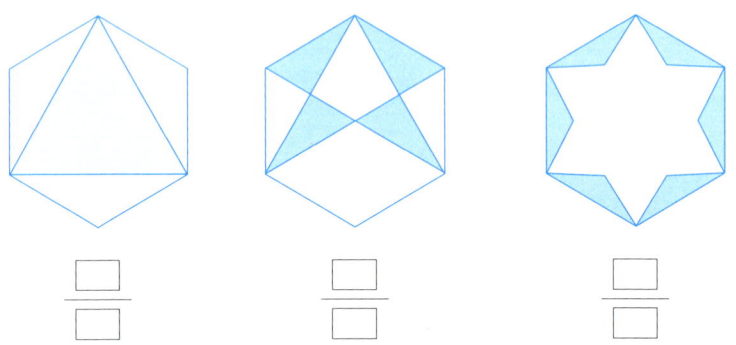

활동 4
둘이서 사탕 나누기 - 두 가지 비교 방법

Why | 활동 목적

두 양을 비교할 때는 단순히 어느 것이 더 크고 작은지, 많고 적은지를 넘어서, 한 양이 다른 양에 비해 얼마나 더 큰지, 얼마나 더 많은지를 구할 필요가 있습니다. 한 양이 다른 양보다 얼마나 더 큰지를 알아보는 것이 덧셈적 비교, 한 양이 다른 양의 몇 배인지를 알아보는 것을 곱셈적 비교라고 합니다. 두 사람이 구체물을 나눠 가지며 각자가 가진 개수를 비교하는 활동을 통해 덧셈적 비교와 곱셈적 비교 두 가지 방법을 경험하게 하고, 이를 통해 비의 개념을 자연스럽게 익히게 됩니다.

Tools | 준비물

사탕이나 구슬, 바둑알, 종이와 연필

How | 방법

◇ 정해진 수(예: 10개)의 사탕을 놓고 두 사람이 나눠 가집니다(예: 8개, 2개). 나눠 가진 사탕 개수를 두 가지 방법으로 비교하게 하세요.
  ➡ 한 사람이 가진 사탕이 다른 사람이 가진 사탕보다 몇 개 많은지 물어보세요. (6개)
  ➡ 한 사람이 가진 사탕이 다른 사람이 가진 사탕보다 몇 배 많은지 물어보세요. (4배)

➡ 나눠 가진 사탕의 개수를 비로 표현하게 하세요. (8:2)
➡ 전체 사탕의 개수, 사탕을 나눈 방법, 개수 차이, 몇 배 차이가 나는지 등을 함께 기록합니다.

◇ 이번에는 사탕 개수를 2배(예: 20개)로 늘려봅니다. 나눠 가진 사탕의 비가 이전과 같게 하려면 어떻게 해야 할까요? (16개와 4개로 나눕니다.)
◇ 이번에는 사탕 개수를 절반(예: 5개)으로 줄여봅니다. 나눠 가진 사탕 개수의 비가 이전과 같게 하려면 어떻게 해야 할까요? (4개와 1개로 나눕니다.)

More ideas | 한 걸음 더 나아가기

◇ 실제로 사탕을 나눈 뒤, 아래와 같이 상황을 주고 본문의 [문제 4] (137p)와 비슷한 문제를 만들어보게 하세요.

➡ 상황: 10개의 사탕을 7:3, 즉 7개와 3개로 나누었습니다. 7개 가진 사람이 2개를 3개 가진 사람에게 주면 두 사람이 각각 5개씩 가지게 되고, 그 비는 1:1 입니다.

➡ 문제: 두 사람이 사탕을 7:3으로 나누었는데, 더 많이 가진 사람이 적게 가진 사람에게 2개를 주었더니 두 사람이 가진 사탕의 개수가 같아졌습니다. 처음에 두 사람이 각각 가지고 있던 사탕 개수는 몇 개일까요?

수학적 사고력 기르기 활동
6. 연결하기

활동 1
100칸 채우기

Why | 활동 목적

수의 연산과 같은 추상적, 기호적 학습은 시각적, 직관적인 수학적 사고가 함께하면 더 강화된다는 것이 스탠퍼드 대학 교수이자 수학교육 전문가인 조 볼러Jo Boaler의 견해입니다. 그의 논문(https://www.youcubed.org/evidence/fluency-without-fear/)에 소개된 이 활동은 두 수의 곱을 직사각형의 넓이와 연결하여 곱셈의 개념을 익힐 수 있게 도와줍니다. 이 활동을 하면서 아이들은 곱셈을 연습할 뿐만 아니라 연산 결과가 의미하는 바를 시각적, 공간적 대상으로 표현하고 연결 지으며 이해할 수 있습니다.

Tools | 준비물
주사위 2개, 10×10칸 활동지(수식을 적을 공간 포함), 연필

How | 방법
◇ 두 사람이 하는 게임입니다. 각각 활동지와 연필을 준비하고, 순서를 정합니다.

◇ 순서에 따라 주사위 2개를 던집니다.

◇ 주사위를 던져 나온 두 수를 가로, 세로로 하는 직사각형을 활동지의 100칸 모눈종이에 그립니다. 그러고는 관련된 곱셈식을 함께 적습니다.

◇ 모눈종이 어디에 그려도 상관없지만, 100개의 빈칸을 최대한 채우는 것이 목표입니다. 두 사람 모두 직사각형을 더 그릴 수 없으면 게임이 끝납니다.

Examples | 예시

100칸 채우기

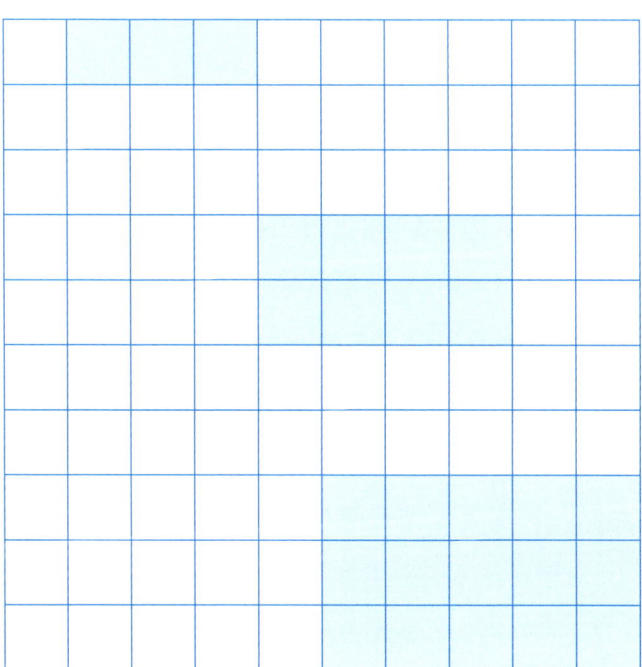

1: __5__ × __3__ = __15__
2: __3__ × __1__ = __3__
3: __4__ × __2__ = __8__
4: ____ × ____ = ____
5: ____ × ____ = ____

6: ____ × ____ = ____
7: ____ × ____ = ____
8: ____ × ____ = ____
9: ____ × ____ = ____
10: ____ × ____ = ____

활동 2
계단 쌓기

Why | 활동 목적

수를 도형과 연결시키면 다른 관점에서 수를 바라볼 수 있게 되어, 새로운 규칙을 발견하기가 더욱 쉬워집니다. 물론 반대로 도형의 규칙을 수의 관점에서 바라보면 더 쉽게 발견하는 경우도 있습니다. 이렇게 수학에서는 수를 도형의 관점에서, 도형을 수의 관점에서 바라봤을 때 문제 해결의 실마리를 더 쉽게 찾을 수 있는 경우가 많습니다. 그래서 수와 도형을 연결해 생각하는 능력을 기르기 위해서는 취학 전이나 초등 저학년 시기에 구체물을 직접 조작해보는 경험이 매우 중요합니다.

이 활동에서 아이들은 실제로 쌓기 나무로 계단 모양을 만들면서 규칙성을 발견하게 됩니다. 규칙에 맞게 계단을 만들면서 몇 개의 쌓기 나무가 필요한지 기록하는 과정을 통해 아이들은 정보를 한눈에 보기 쉽게 정리하는 방법을 배우고 도형의 규칙성이 수의 규칙성과 연결된다는 사실을 자연스럽게 이해할 것입니다.

Tools | 준비물

쌓기 나무, 종이, 연필

How | 방법

◇ 아이가 흥미를 가질 만한 재미있는 이야기를 들려주면서 쌓기 나무를

이용해 계단을 만드세요. (예: 숲 속 마을에는 높이가 각기 다른 집들이 있어요. 1층짜리 집은 계단 1개, 2층짜리 집은 계단 2개, 3층짜리 집은 계단 3개가 필요해요. 이렇게 해서 무려 100층짜리 집도 있답니다! 우리 ○○의 집은 7층 높이예요. 쌓기 나무로 7층 계단을 쌓아볼까요?)

◇ 아이가 쌓기 나무를 이용해 아래 그림처럼 1층, 2층, 3층의 계단을 만들어봅니다.

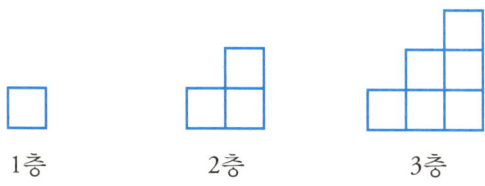

◇ 3층까지 쌓았을 때, 7층까지 쌓으려면 쌓기 나무 몇 개 더 필요한지 아이에게 질문을 던져 예상해보게 하세요.
◇ 잘 모르겠다고 하면 몇 계단 더 쌓은 후에 다시 물어보세요.
◇ 실제로 7층 계단을 만든 뒤, 예상한 쌓기 나무 개수와 비교해보세요.
◇ "만일 10층이나 20층짜리 계단을 쌓는다면 필요한 쌓기 나무 개수는 몇 개일까요?" 이 질문에 대한 답을 찾기 위해 계단 층 수와 쌓기 나무 개수 사이의 관계를 다음과 같이 표로 정리해보세요.

계단 층 수	쌓기 나무 개수	계단 층 수	쌓기 나무 개수
1	1	6	21
2	3	7	28
3	6	8	36
4	10	9	45
5	15	10	55

◇ 계단이 한 층씩 늘어날 때마다 쌓기 나무가 이전보다 몇 개씩 늘어나는지 규칙을 찾아보게 하세요. 한 층이 늘어날 때마다 이전보다 그 층의 높이만큼 쌓기 나무 개수가 늘어납니다.

More ideas | 한 걸음 더 나아가기

◇ 이 활동에서 계단을 만드는 데 필요한 쌓기 나무 개수는 피타고라스가 삼각수라고 부르는 수입니다. 피타고라스는 수를 도형과 연결시켜 연구하기도 하였는데, 수를 점을 써서 나타낼 때 1, 3, 6, 10, …과 같이 정삼각형으로 배열할 수 있는 수들을 삼각수라고 했습니다. 삼각수에서 나타나는 규칙성은 고등학교 수학 1의 수열 단원에서 다룹니다. 구체적인 조작을 통해 삼각수의 규칙성을 체득한 경험은 고등학교에서 대수적으로 수열을 배울 때에 든든한 기초가 될 것입니다.

◇ 1에서 10까지의 자연수를 모두 더하면 얼마일까요? 하나하나 더해서 답을 구할 수도 있겠지만 아래 왼쪽 그림처럼 정사각형을 1층에서 10층

까지 계단 모양으로 세운 모습으로 생각할 수 있습니다. 이것과 똑같은 계단 모양을 거꾸로 해서 두 계단 모양을 맞추면 아래 오른쪽 그림과 같이 가로는 10칸, 세로는 11칸인 직사각형이 됩니다.

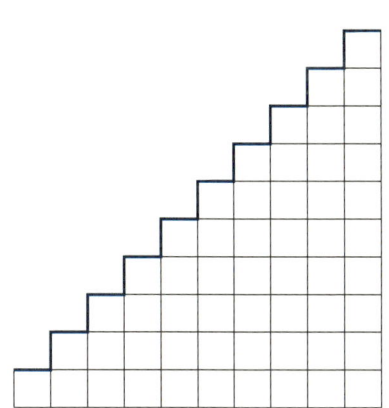 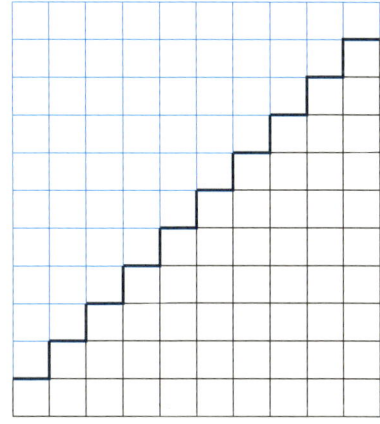

➡ 1층에서 10층까지를 이루는 정사각형의 개수는 큰 직사각형을 이루는 칸 수를 반으로 나눈 것($10 \times 11 \div 2 = 55$)과 같음을 한눈에 알 수 있습니다. 또한 계단을 거꾸로 해서 맞추었을 때 각 층의 쌍이 모두 11이 되는 규칙도 발견할 수 있습니다. (예: 1=10. 2+9, 3+8, 4+7, 5+6, 모두 11)

◇ 100층짜리 계단을 쌓는다고 한다면 쌓기 나무 몇 개가 필요할지 예상해 보세요. ($100 \times 101 \div 2 = 5050$개가 필요합니다.)

활동 3
구구단으로 그리는 그림

Why | 활동 목적

곱셈 구구표를 활용하면 곱셈의 규칙성과 반복되는 패턴을 자연스럽게 발견할 수 있습니다. 또한, 두 자릿수 이상의 각 자릿수를 더해 한 자릿수로 만든 값(자릿수 합)을 이용해 수의 성질을 탐구할 수도 있습니다.

곱셈 구구표에 나온 수들의 자릿수 합을 특정한 규칙에 따라 색칠하거나 표현하면서, 수의 규칙성을 시각적이고 직관적으로 이해할 수 있습니다.

Tools | 준비물

구구단으로 그림 그리기 활동지, 종이와 연필, 자, 색연필

How | 방법

◇ 활동지에 있는 곱셈 구구표를 먼저 완성하게 합니다. 표를 완성한 후, 어떤 규칙을 찾을 수 있는지 물어보세요.

×	1	2	3	4	5	6	7	8	9
1									
2									
3									
4									
5									
6									
7									
8									
9									

◇ 곱셈 구구표를 참조하여 두 자릿수의 경우 십의 자릿수와 일의 자릿수를 더하여 한 자릿수로 만든 자릿수 합 표를 완성하게 하세요. 이번에도 어떤 규칙을 찾을 수 있는지 물어보세요.

×	1	2	3	4	5	6	7	8	9
1	1	2	3	5	5	6	7	8	9
2	2	4	6	8	1	3	5	7	9
3	3	6	9	3	6	9	3	6	9
4	4	8	3	7	2	6	1	5	9
5	5	1	6	2	7	3	8	4	9
6	6	3	9	6	3	9	6	3	9
7	7	5	3	1	8	6	4	2	9
8	8	7	6	5	4	3	2	1	9
9	9	9	9	9	9	9	9	9	9

◇ 아래 그림과 같이 원 위에 9개의 점을 찍어 9등분하고 각 점에 1부터 9까지의 숫자를 씁니다. 그런 다음, 자릿수 합 표에 나오는 각 단의 수를 순서대로 선으로 이어 생겨나는 모양을 관찰합니다.

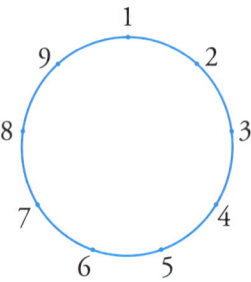

Examples | 예시

◇ 5단의 자릿수 합 표에 나오는 수는 5 → 1 → 6 → 2 → 7 → 3 → 8 → 4 → 9입니다. 이 순서대로 선은 그어 준 뒤, 맨 마지막에 9에서 5로 이어지는 선을 하나 더 그어줍니다(5×10=50이고, 50의 각 자릿수를 더하면 5입니다). 그러면 다음과 같은 그림을 얻습니다.

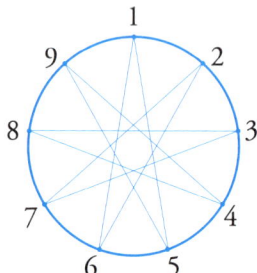

◇ 다른 단의 자릿수 합 표에 나오는 수도 원 위에 그려보세요.

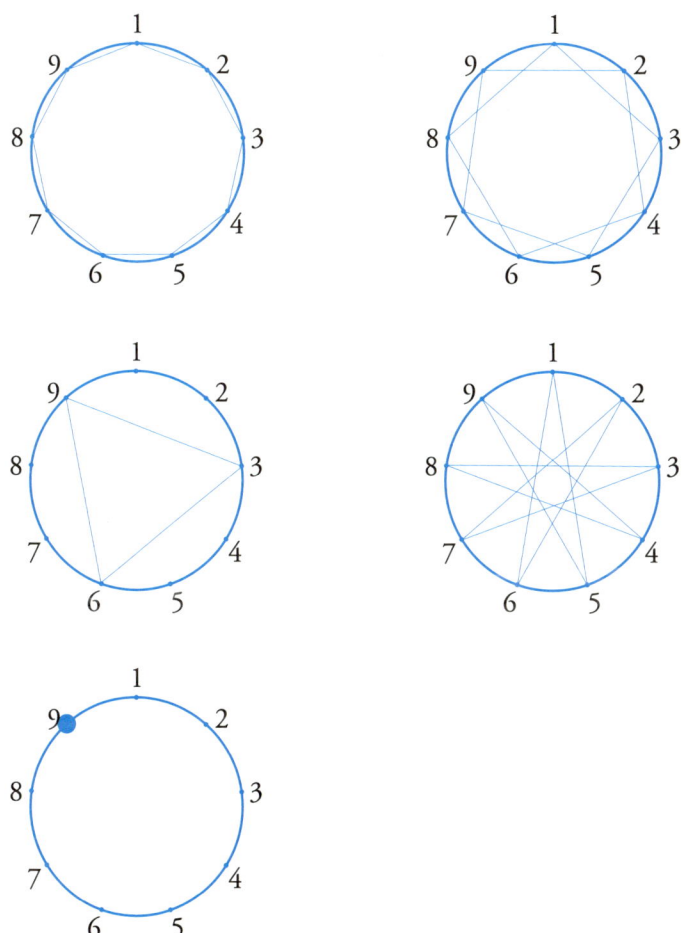

◇ 같은 그림이 나오는 단 사이에는 어떤 관계가 있는지 알아보세요.
(1과 8, 2와 7, 3과 6, 4와 5 같이 더해서 9를 만드는 단은 자릿수 합의 순서가 서로 거꾸로 되어 있을 뿐, 같은 숫자가 반복되어 같은 무늬가 됩니다.)

구구단으로 그림 그리기 활동지

◇ 곱셈 구구표의 빈칸에 알맞은 수를 넣어 1단에서 9단까지 완성하세요.

×	1	2	3	4	5	6	7	8	9
1									
2									
3									
4									
5									
6									
7									
8									
9									

곱셈 구구표

◇ 어떤 수의 '자릿수 합'은 그 수의 모든 자릿수를 더한 값입니다. 곱셈 구구표를 이용해서 1단에서 9단까지 모든 수의 자릿수 합을 구해보세요.

×	1	2	3	4	5	6	7	8	9
1	1	2	3	5	5	6	7	8	9
2	2	4	6	8	1	3	5	7	9
3	3	6	9						
4	4	8							
5	5	1							
6	6	3							
7	7	5							
8	8	7							
9	9	9							

자릿수 합 표

◇ 원둘레를 똑같이 9개로 나눈 점에 1부터 9까지 숫자를 썼습니다. 자릿수 합 표에 나온 각 단의 수에 해당하는 숫자를 순서대로 선으로 이어 보세요.

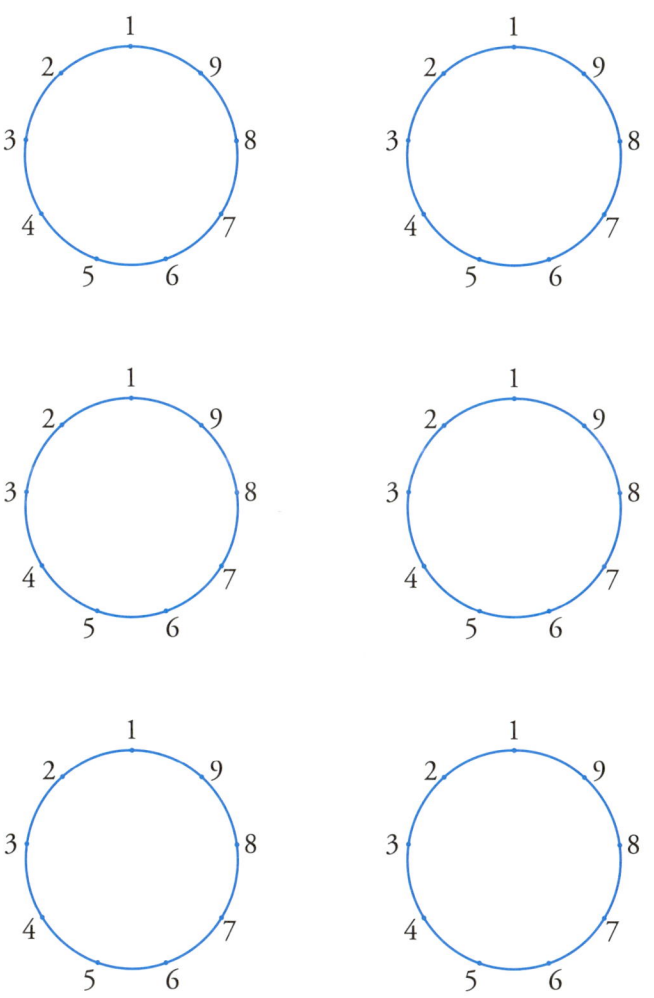

활동 4
수의 성질 조사하기

Why | 활동 목적

숫자와 그림의 연결은 수학의 발전에 혁명적인 기여를 했습니다. 숫자와 그림을 연결하는 것은 수학적 사고의 폭을 넓히는 가장 좋은 방법 중 하나입니다. 추상적인 수와 기호를 시각적으로 이해할 수 있도록 도와주기 때문입니다. 숫자와 상징을 좌뇌에서 처리하고, 그림과 이미지를 우뇌에서 처리하면서 뇌 전체가 활발히 작동하고 사고 체계도 강력하게 활성화됩니다.

예를 들어, 도형의 넓이를 통해 수를 그림으로 나타낼 수 있습니다. 한 변의 길이가 1인 정사각형 1개는 1을, 2개는 2를, 3개는 3을 나타냅니다. 이처럼 단순히 수만큼 정사각형을 대응시키는 방식이지만, 이를 통해 수의 성질을 직관적으로 탐구할 수 있습니다.

Tools | 준비물

숫자 카드, 같은 크기의 정사각형 여러 개, 관찰 결과를 적을 종이와 연필

How | 방법

◇ 2부터 9까지의 숫자 카드를 나란히 늘어놓고 그 수에 해당하는 정사각형을 늘어놓습니다. 2에서 10까지의 수는 각각 넓이가 1인 정사각형 2개에서 9개까지에 해당합니다.

◇ 각 수에 해당하는 정사각형들로 만들 수 있는 직사각형의 개수를 조사해보세요. 예를 들어 6개의 정사각형으로는 1×6의 직사각형과 2×3의 직사각형, 2개의 직사각형을 만들 수 있습니다. 조사한 내용을 그림으로 그려보고, 표로 정리해보세요.

Examples | 예시

◇ 다음 그림은 각 개수의 정사각형으로 만들 수 있는 직사각형을 직접 그린 것입니다.

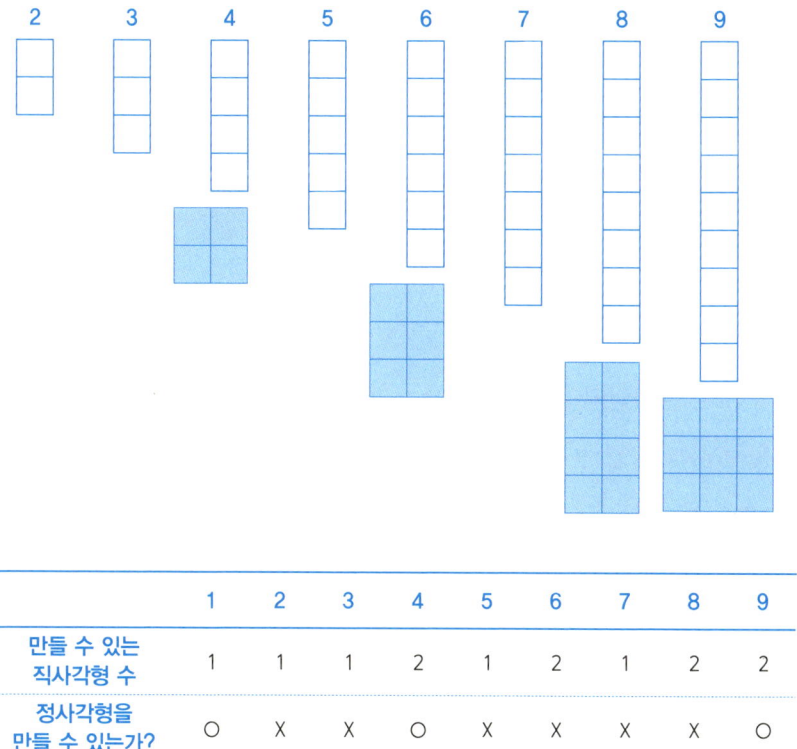

	1	2	3	4	5	6	7	8	9
만들 수 있는 직사각형 수	1	1	1	2	1	2	1	2	2
정사각형을 만들 수 있는가?	O	X	X	O	X	X	X	X	O

More ideas | 한 걸음 더 나아가기

◇ 관찰한 결과와 표를 참조해서 2부터 9까지의 수를 분류해보세요. (한 가지 종류의 직사각형만 만들 수 있는 수와 두 가지 직사각형을 만들 수 있는 수, 정사각형을 만들 수 있는 수와 그렇지 않은 수)
◇ 한 가지 종류의 직사각형만 만들 수 있는 수는 자기 자신과 1로만 나누어 떨어지는 '소수'입니다.
◇ 두 가지 직사각형을 만들 수 있는 수는 1과 자기 자신 외에도 다른 수로도 나누어 떨어지는 수로 '합성수'라고 합니다.
◇ 정사각형을 만들 수 있는 수는 '제곱수'라고 합니다.

활동 5
파스칼삼각형과 격자 길 찾기

Why | 활동 목적

격자grid에서 최단거리로 목적지까지 가는 길(최단경로)의 수를 구하는 방법은 여러 가지입니다. 그런데 놀랍게도 파스칼의 삼각형을 이용하여 쉽게 그 답을 구할 수 있습니다. 언뜻 보기에는 관련이 없어 보이는 수학적 개념들 사이에 깊은 연관성이 있음을 알게 됩니다.

Tools | 준비물

파스칼삼각형과 격자 길 찾기 활동지, 모눈종이, 연필, 자

How | 방법

◇ 파스칼삼각형과 격자 길 찾기 활동지의 첫 번째 문제를 이용해 파스칼삼각형의 규칙에 대해 알아봅니다. 파스칼삼각형의 빈칸을 어떤 규칙을 사용해서 채웠는지 설명해보게 해주세요. (바로 위의 두 수를 더해 아래 칸을 채웁니다.)

◇ '최단경로'란 한 점에서 다른 점까지 가는 가장 짧은 거리의 경로를 말합니다. 활동지의 두 번째, 세 번째 문제에 제시된 격자 모양 길에서 최단경로를 직접 그려 찾아보게 하세요.

◇ 세 번째 문제를 통해 새로운 길이 생겨 길이 복잡해지면 최단경로를 하나하나 그려서 찾는 것이 어려워진다는 점을 경험하게 됩니다. 이때 다른 방법은 없는지? 스스로 생각하도록 시간을 주세요.

　이어지는 네 번째 문제를 통해, 각 점까지 이르는 최단경로의 수를 구하는 새로운 방법을 제시해주세요. (예: 한 점까지 가는 경로 수는 '오른쪽에서 오는 경로 수+위쪽에서 오는 경로 수')

◇ 다섯 번째 문제를 통해 3×3, 4×4 격자 모양의 길에서 최단경로의 수를 구해본 후, 파스칼삼각형에 나온 수와 같은 수가 있는지 찾아오게 해주세요.

◇ 최단경로의 수를 구하는 방법과 파스칼삼각형의 빈 칸을 채운 방법을 설명하고, 둘 사이의 공통점을 찾아보게 해주세요.

　(격자의 각 점에 이르는 최단경로의 수는 '(오른쪽으로 가는 방법의 수)+(아래쪽으로 가는 방법의 수)'입니다. 파스칼삼각형은 바로 위 두 수를 더해 빈 칸을 채웁니다. 즉, 두 방법은 정확히 같습니다.)

Examples | 예시

◇ A에서 B로 가는 길이 다음 그림과 같을 때, 최단경로는 세 가지입니다.

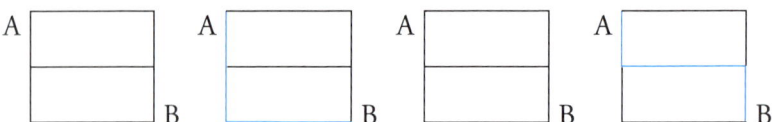

◇ 3×3 격자모양 길에서 각 점에 이르는 방법의 수를 적어보면 다음과 같습니다.

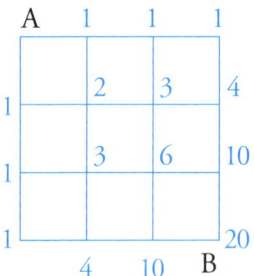

◇ 파스칼삼각형에 나온 수와 3×3 격자모양 길의 각 점에 이르는 방법의 수가 같다는 것을 발견할 수 있습니다.

 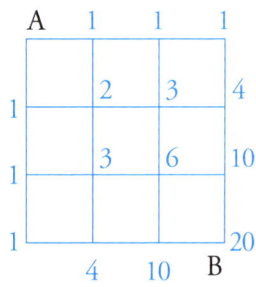

파스칼삼각형과 격자 길 찾기 활동지

◇ 아래 그림은 '파스칼삼각형'의 일부입니다. 삼각형 모양으로 늘어놓은 수들 속에서 파스칼이 흥미로운 규칙성을 발견했기 때문에 '파스칼삼각형'이라고 부릅니다.

파스칼삼각형을 만드는 규칙은 아주 간단합니다. 맨 위에는 1이 있어요. 그 아래부터는 위의 두 수를 더해서 새로운 수를 만든다는 규칙을 따릅니다. 위에 수가 하나만 있다면 다른 하나는 0이라고 생각하면 됩니다. 아래 그림의 빈칸에 적당한 수를 넣어 파스칼삼각형을 완성시켜 보세요.

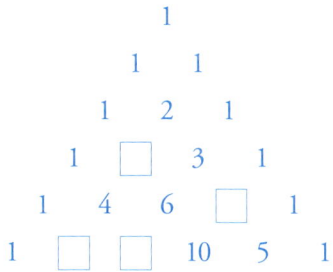

이런 식으로 파스칼삼각형은 계속 만들어집니다.

◇ A마을에서 B마을로 가야 하는데, 오른쪽과 아래쪽으로만 갈 수 있다고 합니다. A마을에서 B마을까지 가는 방법은 모두 몇 가지일까요?

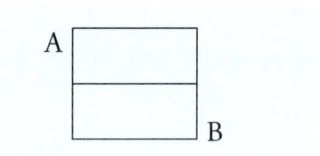

❶ 실제로 가는 길을 그려서 세어보세요.

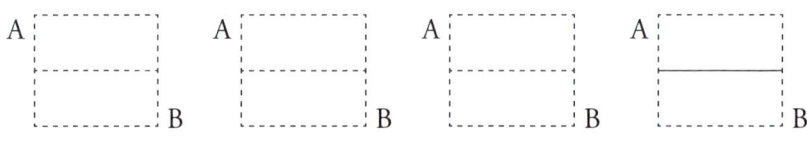

A마을에서 B마을까지 가는 방법 = _____

❷ 오른쪽으로 가는 것을 R, 아래쪽으로 가는 것을 D라고 기호로 표기합니다. ①에서 그린 길을 기호로 표기하세요.

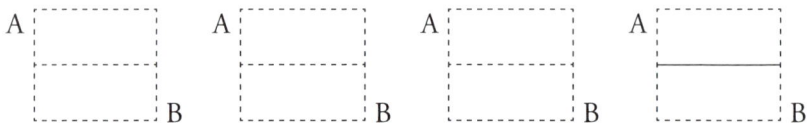

◇ A마을에서 B마을로 가는 길 중간에 새로운 길이 생겨서 다음 그림처럼 2×2 격자모양이 되었습니다. 이번에도 오른쪽과 아래쪽으로만 갈 수 있습니다. A마을에서 B마을로 가는 방법은 몇 가지일까요?

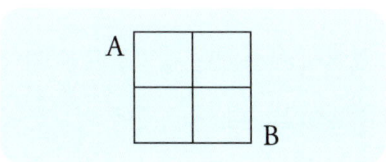

❶ A마을에서 B마을로 가려면 오른쪽으로 몇 번, 아래쪽으로 몇 번 가야 하나요?

오른쪽 _____ 번, 아래쪽 _____ 번

❷ 실제로 가는 길을 그리고, 오른쪽(R), 아래쪽(D) 기호를 써서 나타내 주세요.

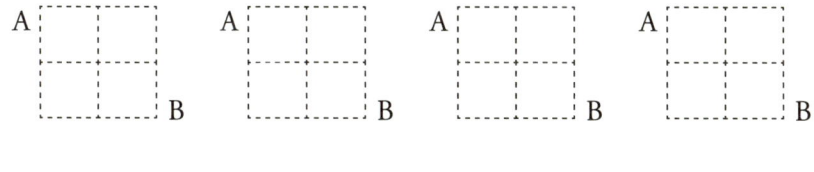

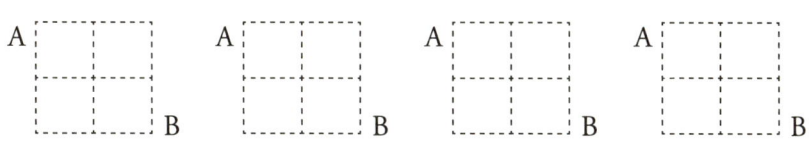

❸ 기호 R과 D를 두 번씩 늘어놓는 방법은 몇 가지일까요? 가능한 방법을 적어보세요.

❹ ②번과 ③의 결과를 비교해보세요.

◇ 길이 복잡해지면 앞에서 사용했던 방법들로는 가능한 길이 몇 개가 되는지 알아보기가 힘들어집니다. 목적지에 이르는 길이 몇 개인지 알아내는 다른 방법을 알아봅시다.

격자의 각 점에 그 곳까지 이르는 길의 개수를 적어 볼까요?

❶ 우선 A에서 오른쪽으로 가는 길과 아래로 내려가는 길은 각각 하나뿐이니까 오른쪽 그림과 같이 1을 적습니다.

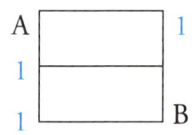

❷ B 위의 격자에 이르는 길은 오른쪽, 아래쪽(RD)로 오는 방법과 아래쪽, 오른쪽(DR)로 오는 방법으로 2개이니까 오른쪽 그림과 같이 2를 적습니다.

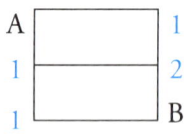

❸ 이제 B에 이르는 길은 아래로 두 번 내려온 뒤 오른쪽으로 오는 방법과 ②에서 찾은 두 가지 방법을 더해 세 가지입니다. 따라서 오른쪽 그림과 같이 3을 적습니다.

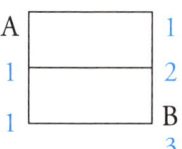

이런 식으로 아래 그림에서 격자의 각 점까지 이르는 최단경로의 개수를 적어보세요.

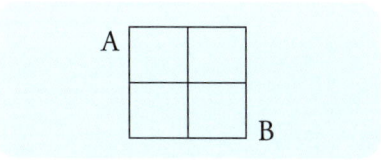

A마을에서 B마을까지 최단경로의 수 = _____

◇ A마을에서 B마을로 가는 길이 다음 그림과 같습니다. 그런데 오른쪽과 아래쪽으로만 갈 수 있다고 합니다. A마을에서 B마을로 가는 방법은 몇 가지인가요? 각 격자 점까지 가는 방법의 수를 적어서 알아보세요.

❶ 최단경로 수 = _____   ❷ 최단경로 수 = _____

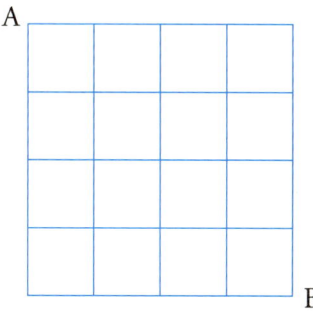

❸ 격자점에 적은 수와 파스칼삼각형을 비교해보세요.

MEMO

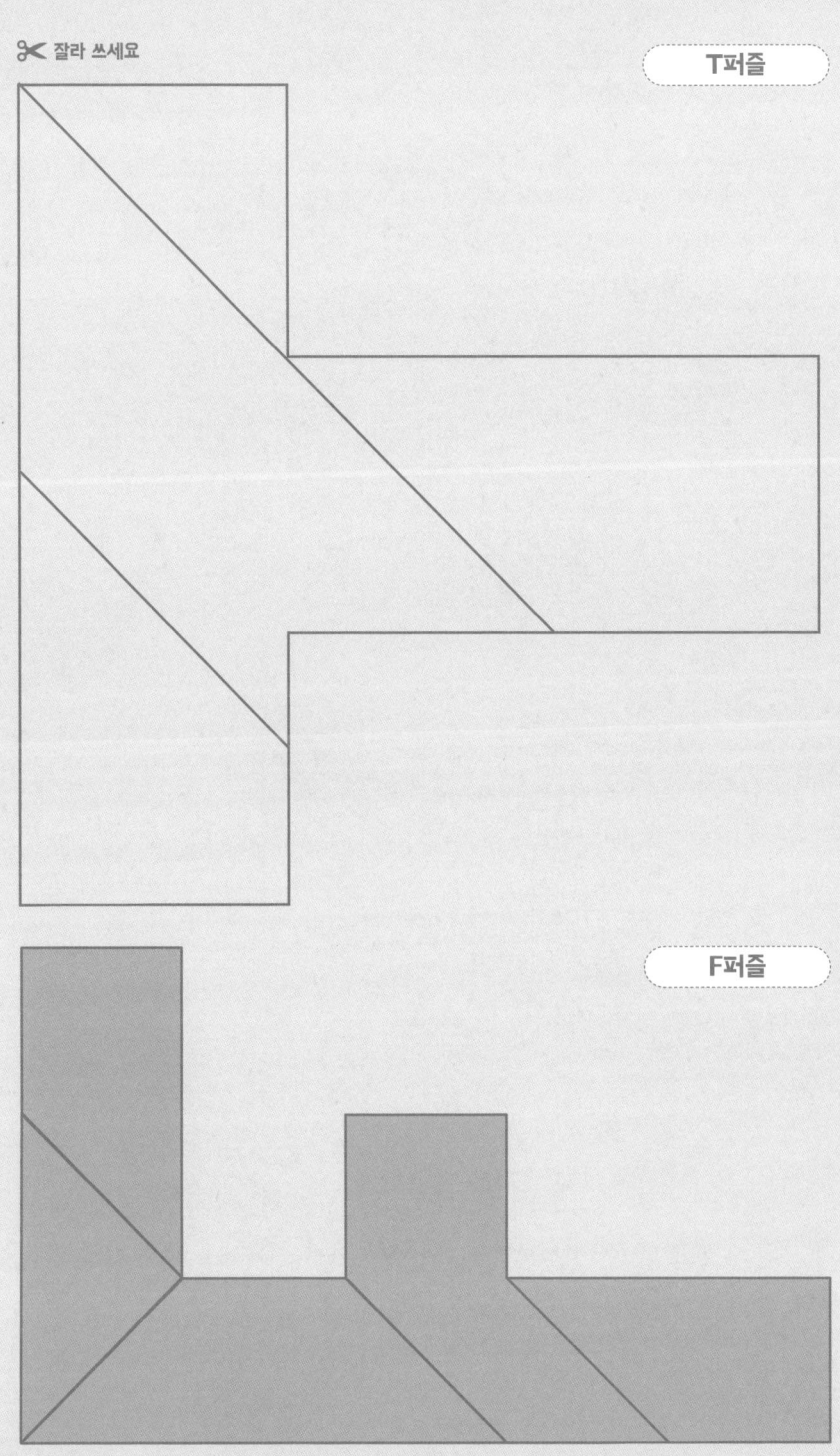

{ 우리 아이를 위한
수학 생각의 기술